Wim Malgo

Was sagt die Bibel über das Ende der Welt?

Wim Malgo

Was sagt die Bibel über das Ende der Welt?

Verlag Mitternachtsruf

Inzwischen liegt das Buch in folgenden Sprachen vor:
Ao naga
Bengali
Englisch
Französisch
Hindi
Holländisch
Italienisch
Kuki
Marathi
Nepali
Portugiesisch
Rumänisch
Spanisch
Telugu
Ungarisch

In Vorbereitung:
Chinesisch
Schwedisch
Suaheli
Tschechisch

ISBN-Nr. 3 85810 075 7
Bestell-Nr. 17536

11. Auflage
insgesamt 1,06 Mio.
Februar 1985

Gesamtherstellung:
Elsnerdruck GmbH Berlin

«Was sagt die Bibel über das Ende der Welt?»

Lieber Freund,

wir freuen uns, Ihnen dieses Buch als Geschenk überreichen zu dürfen! Es ist uns ein herzliches Anliegen, daß Sie durch diese Lektüre entscheidend gesegnet werden. Wenn der Sohn Gottes sagt: «Ich bin die Tür. Wenn jemand durch Mich eingeht, wird er gerettet werden . . .» (Joh. 10,9), so können wir heute mit großer Gewißheit sagen: Wir stehen vor dem Torschluß, denn die Wiederkunft Jesu Christi steht bevor, und damit geht die Gnadenzeit zu Ende. Deswegen sind wir von Gottes wegen beauftragt, Ihnen diese biblische Botschaft durch dieses Buch weiterzugeben. Bitte versuchen Sie, es unvoreingenommen zu lesen! Sollten Sie zur weiteren Verbreitung mehrere Exemplare wünschen, können Sie diese ohne weiteres kostenlos bei uns bestellen. Fragen, die beim Lesen dieses Buches aufsteigen, wollen wir gerne beantworten, soweit dies möglich ist.

Wir danken unserem Gott durch den Herrn Jesus Christus, daß Er dieses schlichte Zeugnis bereits an so vielen Herzen brauchte und freuen uns, da nun die Millionen-Grenze erreicht ist, auch Ihnen dieses Buch anbieten zu dürfen, wobei wir die herzliche Bitte aussprechen wollen, es ohne Vorurteil zu lesen.

Wer Sie auch sind, Sie sind sicher mit uns einverstanden, daß wir in einer sehr ernsten und dunklen Zeit leben! Über die lebendige Hoffnung, die auch Ihnen durch Jesus Christus angeboten wird, können Sie durch das vorliegende Buch manches vernehmen. Möge es Ihnen zum Segen sein!

Im Oktober 1984

Ihr

Wim Malgo

Inhaltsverzeichnis

Vorwort

Nun liegt es vor Ihnen, das neueste Buch von Wim Malgo. Für viele Menschen, die in Glaubensfragen unsicher sind, mag der Inhalt zunächst unrealistisch und phantastisch anmuten. Für die anderen aber, die um das Wirken Gottes auf Erden wissen, werden diese Darlegungen lebendige Realität sein.

Wir leben heute in der Zeit, wo wir mit eigenen Augen die erneute Erfüllung der biblischen Prophetie miterleben! Dieses Buch soll jenen Menschen, deren Augen dafür verdunkelt sind, Licht geben. Es soll all jene warnen (Hes. 3,18–21), die meinen, das Ende der Zeit sei noch lange nicht in Sicht.

Lesen Sie dieses Buch aufmerksam, denn die angeführten, aufsehenerregenden Ereignisse im Licht des prophetischen Wortes reden eine solch klare Sprache, daß jedermann erkennen kann, daß das letzte Buch der Bibel, die Offenbarung, gar nicht utopisch ist, sondern die erschreckende Wirklichkeit unserer Tage aufzeigt. Wir leben tatsächlich am Ende des 6. Jahrtausends der Menschheitsgeschichte. Und bevor das Friedensjahrtausend anbrechen kann, treffen Strafgerichte Gottes eine immer mehr verderbte Menschheit. Das heute noch zu erkennen, ist von eminenter Wichtigkeit, damit jetzt der brennende Wunsch in Ihnen aufbricht, endlich in Ihrem Herzen Frieden mit Gott zu finden! Die Erlösungstat Jesu Christi am Kreuz von Golgatha soll allen Menschen zuteil werden. Die Tragödie, daß so viele das Heil noch immer nicht angenommen haben, war der Anlaß zur Herausgabe dieses Buches.

Wir sind dankbar, daß der ewige Gott auch Wim Malgo Verständnis gegeben hat, tief in die göttliche

Prophetie zu sehen. Es war schon früher so: Immer wieder hat Gott Männer beauftragt, die Menschen zu warnen und sie mit Seinem Plan bekanntzumachen. So wie Noah vor der Sintflut ausgelacht und verspottet wurde, so werden die heutigen Männer Gottes vielfach als Fantasten bezeichnet, die man nicht ernst zu nehmen brauche. Aber so, wie damals die geschichtlich nachgewiesene Sintflut auch tatsächlich eintraf, so werden auch in Bälde die in der Bibel vorausgesagten göttlichen Gerichte über die Menschheit hereinbrechen.

In Anbetracht der Nähe all dieser Ereignisse ist die vorliegende Schrift so spannend aktuell und so lesenswert. Ich bitte Sie deshalb: Lesen Sie das Buch nicht nur einmal, sondern zwei-, dreimal, und lassen Sie den Inhalt auf sich einwirken. Geben Sie es auch weiter, damit noch viele diese Botschaft vernehmen.

Ich wünsche Ihnen gesegnete Stunden

Ulrich Hartmann

Was sagt die Bibel über das Ende der Welt?

Wir beginnen dieses Buch beim Ende – beim Ende der Welt! Jeder Mensch trägt die Gewißheit in sich, daß Gott lebt. Und da die Bibel im Urtext das unfehlbare, inspirierte Wort des lebendigen Gottes ist, gibt es nirgends eine direktere und klarere Auskunft über das Ende der Welt als eben in der Bibel!

Für jeden, der die Bibel kennt, ist es nicht verwunderlich, daß diese Welt dabei ist, zu zerfallen, denn schon vor bald 3000 Jahren weissagte der Psalmist: **«Du hast vormals die Erde gegründet, und die Himmel sind Deiner Hände Werk. Sie werden vergehen, Du aber bleibst; sie alle werden wie ein Kleid veralten . . .»** (Ps. 102,26–27; Hebr. 1,10–11). Von diesem nicht mehr aufzuhaltenden Zerfall des Kosmos sprechen heute übrigens auch die Wissenschaftler, und zwar mit größter Besorgnis.

Das Geheimnis biblischer Prophetie und Weissagung besteht darin, daß die Heilige Schrift einerseits Ereignisse zusammenfaßt, die oft Jahrtausende auseinanderliegen; anderseits aber zeigt sie auf, wie das Ende in unseren Tagen bereits begonnen hat.

Biblische Prophezeiungen haben oft eine zwei- oder dreifache Erfüllung

Die Propheten der Bibel waren Sprachrohre Gottes. Das lesen wir im ersten Vers des Hebräerbriefes. Da aber Gott der Ewige ist, verkündigen die Propheten auch ewige Wahrheiten. Das heißt: Man kann ihre

Prophezeiungen nicht auf einen bestimmten Zeitraum begrenzen. Deshalb ist es wichtig, mit größter Aufmerksamkeit darauf zu achten, was die Propheten über das Ende der Welt sagen. Ihr Wort bzw. das Wort Gottes umfaßt ganz weit auseinanderliegende Zeiträume. Nicht selten beschreiben die Propheten auch zwei verschiedene Dinge unter einem Sammelnamen oder in einem Bild, das beide charakterisiert. Oder dann gehen sie unvermittelt und schier unbemerkt von einem Thema ihrer Prophetie zum andern über. Oder sie wiederholen und erweitern von Gottes wegen früher gemachte prophetische Aussagen, vertiefen sie oder weisen auf eine höhere Erfüllung hin.

Der Herr Jesus Christus selbst hat zum Beispiel von unseren Tagen geweissagt; im gleichen Atemzug aber hat Er auch vom allerletzten Gericht, vom Ende der Welt, gesprochen, denn Er sah alles von der Ewigkeitsperspektive her. So war für Ihn das Gericht über Jerusalem und Israel, das schon 40 Jahre nach Seiner Weissagung erfüllt wurde, nicht nur ein Sinnbild für das große Endgericht, sondern auch bereits ein Teil davon (vgl. Matth. 24).

Sehr treffend wurde die prophetische Schau mit einem Ausblick auf die Bergwelt verglichen: Schaut man vom Tal her, scheint es, als läge da ein Hügelzug und Berggipfel unmittelbar hinter dem andern. Sieht man das Ganze aber vom Flugzeug aus, erkennt man die tieferliegenden Hügel, die Täler, Seen, Dörfer und Städte, die zwischen den verschiedenen Bergketten liegen. Ein Beispiel dafür ist 2. Samuel 7,12–13.16: **«Wenn deine Tage erfüllt sind und du bei deinen Vätern liegst, so will Ich deinen Samen nach dir erwecken, der aus deinem Leibe kommen wird, und will sein Königtum befestigen; der soll Meinem Namen ein Haus bauen, und Ich will den Thron seines Königreichs auf ewig befestigen ... dein Haus und dein Königreich sollen ewig**

„Sehr treffend wurde die prophetische Schau mit einem Ausblick auf die Bergwelt verglichen ...“

vor dir beständig sein; dein Thron soll auf ewig bestehen.» Diese Verheißung Gottes an David für seine Nachkommenschaft bezieht sich zunächst deutlich auf Salomo, den Sohn Davids. Gleichzeitig aber weist diese Prophezeiung weit über den ersten Salomo hinaus und wird erst in dem letzten Davidssohn, dem anderen Salomo, voll erfüllt, nämlich in dem Friedensfürsten Jesus Christus und Seinem Tausendjährigen Friedensreich. Dazwischen aber liegen die «Täler», die Jahrtausende.

Dasselbe sehen wir bei Jesaja, durch den der Herr von dem treuen Gottesknecht Eljakim prophezeit hat: **«An jenem Tage werde Ich Meinen Knecht Eljakim, den Sohn Hilkijas, berufen und ihn mit deinem Rock bekleiden und mit deinem Gürtel umgürten und deine Gewalt in seine Hand legen. Er wird ein Vater sein den Bürgern zu Jerusalem und dem Hause Juda. Ich will ihm auch den Schlüssel des Hauses Davids auf die Schultern legen, daß wenn er auftut, niemand zuschließe, und wenn er zuschließt, niemand auftue»** (Jes. 22,20–22). Dies wurde zunächst ganz klar auf Eljakim hin geweissagt. Aber dasselbe Wort bezieht der erhöhte Herr in Offenbarung 3,7 auf sich. Da spricht Jesus Christus, als der wahre, himmlische Eljakim: **«Und dem Engel der Gemeinde in Philadelphia schreibe: Das sagt der Heilige, der Wahrhaftige, welcher den Schlüssel Davids hat; der öffnet, daß niemand zuschließt, und zuschließt, daß niemand öffnet.»**

Ein weiteres Beispiel: Der Hinweis auf die dem Erdenmenschen von Gott verliehene Herrscherwürde in Psalm 8,5–9 deutet der Schreiber des Hebräerbriefes ohne weiteres auf den geistlichen Menschen, auf Christus und Seine Heiligen hin (vgl. Hebr. 2,6–9). Paulus macht es in 1. Korinther 15,27 ebenso. Das sind nur einige wenige Beispiele, aber so geht es durch die ganze Bibel, durch das ganze prophetische

Wort. Auch die Beurteilung und Beschreibung des Königs von Tyrus im Buche des Propheten Hesekiel (Kap. 28), geht weit über diesen menschlichen Fürsten hinaus und weist auf den «Fürsten dieser Welt» hin, den Satan, und auf dessen Geschichte: **«Du warst ohne Tadel in deinem Tun von dem Tage an, da du geschaffen wurdest, bis sich deine Missetat gefunden hat. Denn du bist inwendig voll Frevels geworden vor deiner großen Hantierung und hast dich versündigt. Darum will Ich dich entheiligen von dem Berge Gottes und will dich ausgebreiteten Cherub aus den feurigen Steinen verstoßen»** (Hes. 28,15–16). Bezöge sich dies nur auf den Menschen, den König von Tyrus, müßte man das göttliche Wort phantastischer Übertreibung beschuldigen. Nicht anders ist es in Jesaja 14, wo der Prophet wider den König von Babel weissagt. Aber über diesen irdischen König hinaus sieht er den Fall Luzifers: **«Wie bist du vom Himmel gefallen, du schöner Morgenstern!»** (V. 12a.)

Auch die Beschreibung des grimmigen Feindes und Zerstörers des Volkes Gottes im Alten Bund (Dan. 8), steigert sich schließlich zur prophetischen Weiterschau und charakterisiert die antichristliche Zerstörungsgewalt in der Endzeit. Wenn man das Buch des Propheten Daniel studiert, muß man allerdings auch die Geschichte kennen, insbesondere die Geschichte zwischen Altem und Neuem Testament, sonst kann man diese Prophetie nicht verstehen. Denn Daniel weissagt da unter anderem von Antiochus Epiphanes, der im Tempel zu Jerusalem ein Schwein opfern ließ, was ein «Greuel der Verwüstung» für das Heiligtum Gottes war. Aber über diese furchtbare, gräßliche Gestalt hinaus sieht er die schrecklichste Gestalt der Zukunft: den Antichristen.

Die Tatsachen des Alten Bundes sind schattenhaft vorausweisende Sinnbilder, die erst in den Tatsachen

Im Innern dieses «Schreins des Buches» auf dem Gelände des Israel-Museums in Jerusalem befinden sich einige der in den Qumran-Höhlen am Toten Meer gefundenen Schriftrollen, welche die Echtheit der Berichte des Alten Testaments bestätigen.

des Neuen Bundes ihre wirkliche Erfüllung finden. Beide stehen in engem innerem Wesenszusammenhang, unabhängig davon, wie weit sie zeitlich auseinanderliegen mögen. So ist es auch in der biblischen Prophetie keine seltene Erscheinung, daß Beschreibungen des Tausendjährigen Reiches unvermittelt in solche der neuen Erde übergehen, also einen Zeitraum von tausend Jahren überspringen. Denn das erste ist ein wesenhaftes Bild und eine bedeutsame Vorstufe des zweiten.

Fassen wir alles zusammen, ergibt sich folgendes: Nach der Lehre und Redeweise des Herrn Jesus Christus und Seiner Apostel erstreckt sich die Endzeit von Seinem ersten Kommen bis zu Seiner Wiederkunft, ja bis zum letzten Ende des Zeitalters. Gottes Wort wurde in der Vergangenheit erfüllt, es erfüllt sich in der Gegenwart, und es wird auch in der Zukunft erfüllt werden! In unserer Zeit sehen wir nun die schnelle Abwicklung des dreifachen Endes dieser Welt, nämlich:

- das Ende ihrer Zeit
- das Ende ihres Wesens
- das Ende ihres Daseins

Das Buch der Bücher

Über das Ende der Welt, wie es wirklich sein wird, befragen wir die Bibel. Denn der Herr selbst fordert uns auf: **«Fraget Mich um das Zukünftige»** (Jes. 45,11a).

Die Bibel ist wie ein Hochgebirge, das alle anderen Bücher der Welt weit überragt. An die Verbreitung, Lebensdauer und Lebenskraft der Bibel kommt kein anderes Schriftstück der ganzen Erde heran. Mit dieser wunderbaren inneren Geisteskraft der Bibel verbindet sich ihre äußere Unüberwindbarkeit und Sie-

Das meist übersetzte Buch der Welt

In über 1600 Sprachen ist die Bibel oder Teile davon schon übersetzt worden. Die abgebildeten zehn Sprachen sind eine Übersetzung von Johannesevangelium Kapitel 3 Vers 16: „**Also hat Gott die Welt geliebt, daß Er Seinen eingeborenen Sohn gab, auf daß alle, die an Ihn glauben, nicht verloren werden, sondern das ewige Leben haben.**“

AETHIOPISCH Abessinien

እስመ ፡ ከመዝ ፡ አፍቀሮ ፡ እግዚአብሔር ፡ ለዓለም ፡ እስከ ፡ ወልደ ፡ ዋሕደ ፡ ወሀበ ፡ ቤዛ ፡ ከመ ፡ ኵሉ ፡ ዘየአምን ፡ ቦቱ ፡ ኢይትሐጐል ፡ አላ ፡ ይረክብ ፡ ሕይወተ ፡ ዘለዓለም ።

ARABISCH Ägypten

لِأَنَّهُ هٰكَذَا أَحَبَّ ٱللهُ ٱلْعَالَمَ حَتَّى بَذَلَ ٱبْنَهُ ٱلْوَحِيدَ لِكَيْ
لَا يَهْلِكَ كُلُّ مَنْ يُؤْمِنُ بِهِ بَلْ تَكُونُ لَهُ ٱلْحَيٰوةُ ٱلْأَبَدِيَّةُ ◆

ENGLISCH England

For God so loved the world, that he gave his only begotten Son, that whosoever believeth in him should not perish, but have everlasting life.

ESPERANTO International

Ĉar Dio tiel amis la mondon, ke li donis sian solenaskitan Filon, por ke ciu, kiu kredas je li, ne pereu, sed havu eternan vivon.

FRANZÖSISCH Frankreich

Car Dieu a tellement aimé le monde, qu‘il a donné son Fils unique, afin que quiconque croit en lui ne périsse point, mais qu‘il ait la vie éternelle.

HEBRÄISCH Israel

כִּי־אַהֲבָה רַבָּה אָהַב הָאֱלֹהִים אֶת־הָעוֹלָם עַד־
אֲשֶׁר נָתַן אֶת־בְּנוֹ אֶת־יְחִידוֹ לְמַעַן אֲשֶׁר לֹא־יֹאבַד
כָּל־הַמַּאֲמִין בּוֹ כִּי אִם־יִחְיֶה חַיֵּי עוֹלָם׃

RUSSISCH Russland

Ибо так возлюбил Бог мир, что отдал Сына Своего единородного, дабы всякий, верующий в Него, не погиб, но имел жизнь вечную.

TOBA DIALEKT Mittel-Sumatra

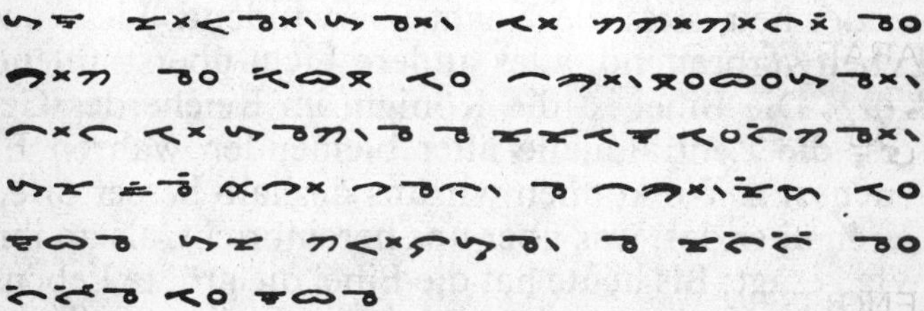

FLÄMISCH Flandern

Want alzoo heeft God de wereld bemind, dat Hij zijn eeniggeboren Zoon heeft gegeven, opdat al wie in Hem gelooft niet verga, maar het eeuwige leven hebbe.

CHINESISCH China

十六上帝愛世人、甚至將他的獨生子賜給他們、叫一切信他的、不至滅亡、反得永生。

geskraft. Auch dies ist ein Erfahrungsbeweis und ein Zeugnis ihrer göttlichen Inspiration. Wie Christus, das Wort in Person, so ist auch das geschriebene Wort oft gleichsam ans Kreuz geschlagen, begraben und totgesagt worden. Aber stets ist es auch, so wie Er – das lebendige Wort – am dritten Tage auferstanden und lebt. Die Bibel ist unzerstörbar! Wie die Boten Jesu Christi allgemein, so können es auch die Bücher und Worte der Bibel mit Paulus bezeugen: **«... durch Ehre und Schande, durch böse Gerüchte und gute Gerüchte ..., als die Unbekannten, und doch bekannt; als die Sterbenden, und siehe, wir leben»** (2. Kor. 6,8–9a). So ist die Bibel wie die Sonne: uralt und doch immer wieder neu, stets die Nacht überwindend, Licht und Leben verbreitend, alles andere Licht überstrahlend. Kurz: Die Bibel ist die Königin im Reiche des Geistes, die Zentralquelle aller bleibenden wahren Erleuchtung. Wo können wir uns deshalb besser orientieren über das, was über uns hereinbricht, als an ihr? Wie gesagt: Bis heute hat die Bibel die größte Lebensdauer bewiesen, ist sie doch in ihren ältesten Teilen über 3300 Jahre alt. Dennoch ist in ihr alles taufrisch und jugendneu, so daß wir mit Recht sagen können: Ewiges neues Altes Testament und ewig neues Neues Testament, denn die Heilige Schrift verkündigt Ewiges. Sie sagt:

1. Diese Welt geht dem Ende ihrer Zeit entgegen

Im Griechischen bedeutet der Ausdruck «das Ende der Welt» und die «Vollendung der Zeitalter» dasselbe. Luther benutzt die erste, während in der Elberfelder- und Schlachter-Bibel die zweite Ausdrucksweise verwendet wird. Dafür gibt es verschiedene Beispiele. So lesen wir in Matthäus 28,20b (Luther):

«Und siehe, Ich bin bei euch alle Tage bis an der Welt Ende.» Aber es muß richtiger heißen: **«. . . bis zur Vollendung des Zeitalters»** (Elb.-Übers.) Ähnlich in Epheser 1,21 (Luther): **«. . . nicht allein in dieser Welt, sondern auch in der zukünftigen.»** Die gleiche Stelle nach der Elberfelder- und Schlachter-Version: **«. . . nicht allein in diesem Zeitalter, sondern auch in dem zukünftigen.»**

Die hinter uns liegenden Zeitalter haben begonnen und sind abgelaufen. Sie wurden durch gewaltige, einschneidende Umwälzungen beendet. Das wird auch in der Zukunft so sein.

In 1. Mose 1,1 wird uns die Vorwelt vorgestellt: **«Am Anfang schuf Gott Himmel und Erde.»** Diese Schöpfung kennen wir nicht. Es heißt dann weiter: **«Und die Erde war wüst und leer . . .»** (V. 2). Genauer übersetzt müßte es heißen: **«Die Erde w u r d e wüst und leer»,** denn nach der ersten Schöpfung fand der Fall Satans statt. Dabei wurde die Erde derart in Mitleidenschaft gezogen, daß sie «wüst und leer» wurde.

Nach jenen Zeiträumen, die in 1. Mose 1,2 genannt sind, beginnen die sechs Tagewerke, in denen Gott Erde und Himmel für den Menschen zubereitete. In der dann anlaufenden Menschheitsgeschichte lassen sich drei Zeitalter feststellen, nämlich:

1. von der Erschaffung des Menschen bis zur großen Flut
2. von der Sintflut bis zum Kommen Jesu Christi
3. von der Wiederkunft Christi über das Tausendjährige Reich bis zur neuen Erde.

So wie die Bibel uns berichtet, daß die Sintflut der katastrophale Abschluß des ersten Zeitalters war, so spricht sie auch davon, daß das gegenwärtige und das zukünftige Zeitalter mit entsprechenden Katastrophen abgeschlossen und daß ganz neue Verhältnisse die Folge sein werden.

Junge Israelis beim Bibelstudium in Israel. Aus über 120 Ländern der Erde sind die Juden wieder in ihr Heimatland zurückgekehrt ...

Diese anbrechenden, radikal neuen Verhältnisse kommen mit unwiderstehlicher Gewalt auf uns zu, und zwar durch den fortschreitenden Zusammenbruch der alten Struktur. Alexander Solschenizyn, der berühmte Flüchtling aus der UdSSR, sagte treffend:

«Wir stehen alle am Rande eines großen historischen Zusammenbruchs, einer Flut, die die gesamte Zivilisation verschlingen und das Zeitalter ändern wird. Die moderne Gesellschaft ist hypnotisiert. Sie lebt in Selbstbetrug und Illusion und hat den Sinn für Gefahren verloren. Gebunden an den Materialismus, betet sie die Produkte des Wohlstandes und des Vergnügens an. Darum ist sie nicht mehr fähig wahrzunehmen, was immer schneller auf sie zukommt.»

Über dieser Welt steht das «Mene, mene, tekel . . .» (Dan. 5,25), das heißt «gezählt, gewogen und zu leicht gefunden». Wir leben tatsächlich im letzten Abschnitt dieses Zeitalters. Die fetten Wohlstandsjahre unserer

Zeit gehen schnell ihrem Ende entgegen. Ob wir es wahrhaben wollen oder nicht, dieser Welt stehen noch düsterste Zeiten bevor. Wer die Bibel richtig liest, der weiß, was kommen wird. Gott hat uns für den Abschluß dieses Zeitalters ein untrügliches Zeichen gesetzt:

Israel

Die Bibel lehrt uns, daß, wenn die Juden aus ihrer großen Zerstreuung unter allen Nationen wieder in ihr Heimatland zurückgekehrt sind und Israels Wüste wieder blüht, Jesus Christus wiederkommen wird. Der Abschluß der Gemeinde Jesu steht demnach vor der Tür, denn ihre Zeit befindet sich zwischen der Verwerfung und Wiederannahme Israels. Als Gott den Faden mit Israel fallen ließ und die Juden in alle

... und Israels Wüste blüht, wie es die Propheten vorausgesagt haben. Bild: Tomatenernte in der Negev-Wüste.

Welt zerstreut wurden, da begann das Zeitalter der Gemeinde Jesu. Jetzt nimmt Gott den Faden mit Israel wieder auf, und das Zeitalter der Gemeinde Jesu geht zu Ende.

Aus diesem Grunde sind weder der Iran noch Kambodscha noch Uganda noch Polen die wichtigsten Traktanden der Vereinten Nationen, obschon in diesen Ländern Tausende, ja Millionen von Unschuldigen eingekerkert und hingemetzelt wurden und werden. Nein, das Thema Nr. 1 in der UNO ist: Israel und Jerusalem. Gott hat Jerusalem bereits zum «Taumelbecher» und «Laststein» für alle Völker gemacht, und alle, die ihn wegheben wollen, werden sich daran zerschneiden (Sach. 12,2–3). Weder die UNO noch der Weltkirchenrat mit all ihren Schrittmachern vermögen daran zu rütteln, daß Jerusalem tatsächlich zum «Taumelbecher» und «Laststein» geworden ist, an dem sich die Völker selber zerschmettern werden. Die verantwortlichen Männer im Sicherheitsrat, der im Grunde ein Unsicherheitsrat ist, sind daher Wegbereiter für das antichristliche Reich, das nach kurzer Zeit ein Ende mit Schrecken nehmen wird, um dem Königreich Jesu Christi, dem Messias Gottes, Platz zu machen. Und weil Sein Königreich kommt, gerät in der Endphase unseres Zeitalters alles durcheinander; darum wird die ganze Welt erschüttert!

Der große Abfall und die Unmoral

Der Abfall vom lebendigen Glauben an Gott kennzeichnet unsere Zeit. Folglich läßt man sich auch nicht mehr vom Geiste Gottes strafen. Darum dient man dem Geschöpf und verachtet den Schöpfer. Man will einfach nicht mehr an «Gottes unsichtbares Wesen und an Seine ewige Kraft und Gottheit» (Röm. 1) glauben. Das ist auch der Grund, weshalb die Homosexualität in unserer Zeit wie der Krebs um sich frißt. Die Homosexualität ist nämlich nicht etwa eine krankhafte Neigung oder Veranlagung, wie uns das gewisse Ärzte weismachen wollen, sondern hat ihren Ursprung in der Ablehnung Gottes, wie es die Bibel sagt: **«Denn obschon sie Gott erkannten, haben sie Ihn doch nicht als Gott gepriesen und Ihm nicht gedankt, sondern sind in ihren Gedanken in eitlen Wahn verfallen, und ihr unverständiges Herz wurde verfinstert. Da sie sich für weise hielten, sind sie zu Narren geworden und haben die Herrlichkeit des unvergänglichen Gottes vertauscht mit dem Bild vom vergänglichen Menschen, von Vögeln und vierfüßigen und kriechenden Tieren. Darum hat sie auch Gott dahingegeben in die Gelüste ihrer Herzen, zur Unreinigkeit, daß sie ihre eigenen Leiber untereinander entehren, sie, welche die Wahrheit Gottes mit der Lüge vertauschten und dem Geschöpf mehr Ehre und Dienst erwiesen als dem Schöpfer, der da gelobt ist in Ewigkeit. Amen! Darum hat sie Gott auch dahingegeben in entehrende Leidenschaften. Denn ihre Frauen haben den natürlichen Gebrauch vertauscht mit dem widernatürlichen; gleicherweise haben auch die Männer den natürlichen Verkehr mit der Frau verlassen und sind gegeneinander entbrannt in ihrer Begierde und haben Mann mit Mann Schande getrieben und den verdienten Lohn ihrer Verirrung an sich selbst empfangen»** (Röm. 1,21–27).

Aber man versucht heute, die Homosexualität und andere Perversitäten aller Art als etwas ganz Normales hinzustellen. Demgegenüber wird das gesunde Familienleben immer mehr bedrängt. Warum das? Weil die Bibel nicht mehr die Richtschnur für das Tun und Lassen der Menschen ist. Aber es steht geschrieben: **«Wer das Wort verachtet, der verderbt sich selbst»** (Spr. 13,13a). In Holland gibt es jetzt Kirchen, in de-

nen Mann mit Mann «getraut» wird! Ob Gott solch abscheulichem Treiben wohl noch lange zusieht? Nein, das Verderben wird plötzlich hereinbrechen, so wie es Christus vorausgesagt hat: **«Desgleichen, wie es geschah zu den Zeiten Lots** (wo Homosexualität gang und gäbe war): **sie aßen, sie tranken, sie kauften, sie verkauften, sie pflanzten, sie bauten; an dem Tage aber, da Lot aus Sodom ging, da regnete es Feuer und Schwefel vom Himmel und brachte sie alle um. Auf diese Weise wird's auch gehen an dem Tage, wenn des Menschen Sohn soll offenbart werden»** (Luk. 17,28–30).

Unmoral und Sittenlosigkeit erreichen in unseren Tagen einen Aufschwung wie nie zuvor. Auch die Ungerechtigkeit nimmt mehr und mehr überhand, so wie es der Herr Jesus vorausgesagt hat: **«. . . die Unge-**

Millionen von Menschen sind auf der Flucht: Tschadische Flüchtlinge in Kamerun (links); Afghaner auf ihrer beschwerlichen Flucht über schneebedeckte Saumpfade nach Pakistan (rechts).

rechtigkeit wird überhandnehmen . . .» (Matth. 24,12). Es treten auch bereits viele falsche Lehrer und Propheten auf und verführen gar manche durch ihre Sonderlehren. Aufrichtige Christen aber werden mit Verachtung und Spott überschüttet.

Die Erde wird taumeln wie ein Trunkener

Die Welt wird heute zunehmend von Gewalt, Terror, Kriegen und Kriegsgeschrei, von Seuchen, Hungersnöten, Erdbeben, Stürmen, Dürren und Überschwemmungen nie gekannten Ausmaßes und von weiteren Katastrophen aller Art heimgesucht. Millionen von Menschen sind auf der Flucht. Sowohl die Weltwirtschaft als auch die Währungen sind am Zusammenbrechen. Die Erde selbst, die ja schon viele Jahre «auf dem Buckel» hat, wird veralten wie ein Kleid, und es wird mit ihr sein wie mit einem Kugellager, das nicht mehr funktioniert. Ihre Achse stimmt schon heute nicht mehr genau.* Es treten Ereignisse ein, die für die Wissenschaft unerklärlich sind. Aber der Prophet Jesaja hat das schon längst vorausgesehen. Er sagte vor mehr als 2500 Jahren: **«Die Erde wird schwanken wie ein Betrunkener und schaukeln wie eine Hängematte; ihre Missetat liegt schwer auf ihr; sie fällt und steht nicht wieder auf!»** (Jes. 24,20.)

Auf Grund dessen, was heute bereits geschieht und in Anbetracht der düsteren Zukunftsperspektiven, die die Wissenschaftler schon für dieses Jahrzehnt errechnet haben, nimmt die Angst unter der Bevölkerung ständig zu. Immer mehr Menschen, junge und alte, flüchten sich deshalb in die Scheinwelt der Drogen oder machen ihrem Leben durch Selbstmord ein vorzeitiges Ende. Wir leben in der Zeit, welche Christus mit den Worten kennzeichnete: **«. . . die Menschen werden verschmachten vor Furcht und vor Warten der Dinge, die kommen sollen auf Erden; denn auch der Himmel Kräfte werden sich bewegen»** (Luk. 21,26).

Die Angst vor einem Atomkrieg wächst

Überall sehen wir heute in der Völkerwelt Furcht und Ratlosigkeit der Regierungen. Viele fragen sich im Blick auf die Atomarsenale in Ost und West mit Ban-

* In meinem Buch «Die Offenbarung Jesu Christi – Eine Auslegung für unsere Zeit» (Band II) gehe ich näher auf diese Tatsache ein (erscheint ca. Mitte 1983).

gen: Was wird uns die Zukunft bringen? Diese Frage ist berechtigt, denn gottlose Menschen haben es – allerdings unter der Zulassung Gottes – in ihren Händen, diese Welt mit einer Handbewegung durch Atomenergie zu vernichten.

Noch vor wenigen Jahrzehnten hielten viele die Prophezeiungen über die furchtbaren Zerstörungen, von denen die Bibel berichtet, für sehr unwirklich. Aber im Lichte der neuesten Erfindungen gesehen, sind sie nun durchaus realistisch. Die klügsten Techniker sind heute überall an der Arbeit, immer furchtbarere Waffen zu konstruieren, durch die Millionen und aber Millionen von Menschen in einem Augenblick vernichtet werden können. In einem neueren Bericht heißt es:

«Amerika bleibt nach Sowjetangriff atomar höchst gefährlich für die Sowjets

Die Sowjetunion wird auch dann einen Atomkrieg nicht überleben, wenn Moskau den Erstschlag führt. Darauf ist die militärische Strategie Washingtons aufgebaut, und diesem Ziele dient die jetzige Nachrüstung der USA durch Präsident Reagan.

Auf Grund der amerikanischen Verfassung können die USA nicht den ersten Atom-Schuß auf die Sowjetunion abgeben. Washington wird deswegen nur nach einem sowjetischen Atomangriff reagieren. Amerikanische Militärs sagen, ein sowjetischer Erstschlag auf die USA würde furchtbare Verwüstungen anrichten, aber die Möglichkeit zum Gegenschlag nicht verhindern. Dabei sehen die Pentagon-Strategen zwei Phasen des amerikanischen Gegenschlags vor:

1. Beschuß der Sowjetunion nach Erkennen des sowjetischen Atomangriffs. Doch der Erfolg ist nicht so groß, weil die Sowjets inzwischen ein gut ausgebautes Zivilschutzsystem haben.
2. Zweit-Beschuß erst, nachdem die sowjetische Bevölkerung die Bunker wieder verlassen hat.

Zu diesem Zweck baut die Reagan-Administration das ‹Trident›-System aus. Dieses System sieht in der Endphase den Bestand von 23 Atom-U-Booten der ‹Ohio›-Klasse vor (Wasserverdrängung von je 18 700 Tonnen; jedes Schiff kostet etwa fünf Milliarden DM.) Diese Boote sind praktisch unverwundbar, da sie sich in große Meerestiefen zurückziehen können. Sie werden über ins-

Links oben:
Zerstörtes Hiroschima, 1945
Links unten:
Amerikanisches Atom-U-Boot der Ohio-Klasse – es ist mit Trident-Raketen ausgerüstet.

Test-Start einer Trident-Rakete. Sie verfügt über 10 Atomsprengköpfe mit je einer Sprengkraft von 15 Hiroschima-Bomben (!)

gesamt 500 ‹Trident›-Raketen verfügen mit je zehn Atom-Sprengköpfen. (Jeder Kopf hat die Sprengkraft von 15 Hiroschima-Bomben.) Das heißt: Selbst, wenn die USA durch einen sowjetischen Erstschlag vernichtet sind, können die Vereinigten Staaten sogar Monate später einen tödlichen Zweitschlag gegen die Sowjetunion führen. Nach der Zielplanung des Pentagon werden dann mit Sicherheit 80 Prozent der sowjetischen Industrie zerstört sein und mindestens 140 Millionen Menschen den Tod finden.»

Obwohl allgemein bekannt ist, daß unsere Erde durch die vorhandenen Atomwaffen in kurzer Zeit völlig zerstört werden kann, leben doch die allermeisten Menschen in völliger Gleichgültigkeit dahin. Unsere Zeit ist deshalb der Zeit Noahs ähnlich: **«Denn gleichwie sie waren in den Tagen vor der Sintflut: sie aßen, sie tranken, sie freiten und ließen sich freien bis an den Tag, da Noah zu der Arche einging; und sie achteten's nicht, bis die Sintflut kam und nahm sie alle dahin: also wird auch sein die Zukunft des Menschensohnes»** (Matth. 24,38–39).

Die wahnsinnige atomare Aufrüstung ist nicht etwa, wie man hört, ein «Gleichgewicht des Schrekkens», sondern zwingt zur Anwendung. Auf einmal springt der zündende «Funke» über. In Offenbarung 9,14ff. steht, daß «der dritte Teil der Menschen getötet werden» wird. Genau das hat auch Petrus mit prophetischem Scharfblick gesehen und ausgerufen: **«Es ist aber nahegekommen das Ende aller Dinge»** (1. Petr. 4,7). Was die Politiker und Wissenschaftler heute befürchten, hat derselbe Mann schon vor zwei Jahrtausenden (!) vorausgesehen. Diese Prophezeiung war zwar noch vor 50 Jahren wissenschaftlich gesehen ein lächerlicher Unsinn. Heute aber zittert die Welt vor ihrer Erfüllung. Petrus sagte: **«Es wird aber des Herrn Tag kommen wie ein Dieb in der Nacht, an welchem die Himmel zergehen werden mit großem Krachen; die Elemente aber werden vor Hitze schmelzen, und die Erde und die Werke, die darauf sind, werden verbrennen»** (2.

Petr. 3,10). Von diesem schaurigen Geschehen berichtet auch Johannes, der ebenso wie Petrus ein Jünger Jesu Christi war: **«Und ich sah, als es das sechste Siegel öffnete, und siehe, ein großes Erdbeben entstand, und die Sonne wurde schwarz wie ein härener Sack, und der ganze Mond wurde wie Blut. Und die Sterne des Himmels fielen auf die Erde, wie ein Feigenbaum seine unreifen Früchte abwirft, wenn er von einem starken Winde geschüttelt wird. Und der Himmel entwich wie ein Buch, das zusammengerollt wird, und alle Berge und Inseln wurden aus ihren Stellen gerückt. Und die Könige der Erde und die Großen und die Heerführer und die Reichen und die Gewaltigen und alle Knechte und alle Freien verbargen sich in die Klüfte und in die Felsen der Berge und sprachen zu den Bergen und zu den Felsen: Fallet auf uns und verberget uns vor dem Angesichte Dessen, der auf dem Throne sitzt, und vor dem Zorn des Lammes! Denn gekommen ist der große Tag Seines Zorns, und wer kann bestehen?»** (Offb. 6,12–17.)

Wir leben in einer sterbenden Welt ...

... ob man das nun wahrhaben will oder nicht. Drohende Wolken stehen am politischen Horizont. Es ist viel später, als daß die meisten Menschen denken. Die Jünger fragten einst ihren Meister: **«Sage uns, wann wird das alles geschehen, und welches wird das Zeichen Deiner Wiederkunft und des Endes der Weltzeit sein?»** (Matth. 24,3.) Jesus gab ihnen zur Antwort: **«Sehet zu, daß euch niemand irreführe! Denn es werden viele unter Meinem Namen kommen und sagen: Ich bin Christus, und werden viele irreführen. Ihr werdet aber von Kriegen und Kriegsgerüchten hören; sehet zu, erschrecket nicht; denn es muß so geschehen; aber es ist**

noch nicht das Ende. Denn ein Volk wird sich wider das andere erheben und ein Königreich wider das andere; und es werden hin und wieder Hungersnöte, Pest und Erdbeben sein» (V. 4–7).

Nie hat diese Welt so schreckliche, blutige Kriege und Weltkriege erlebt, wie in unserer Zeit. Und heute scheint es, die Menschheit stehe vor dem drohenden Dritten Weltkrieg. Eisenhower, der ehemalige Präsident der USA, sagte einmal trefflich: «Ohne eine geistige Wiedergeburt der Menschheit kann ihr das ‹Golgatha› des Dritten Weltkrieges nicht erspart bleiben.»

Ein deutliches Zeichen des nahenden Endes sind auch die großen Naturkatastrophen wie gewaltige Vulkanausbrüche und die zunehmende Anzahl von Erdbeben auf der ganzen Erde. Doch die Bibel redet noch von weiteren Merkmalen der Endzeit: **«Der Geist aber sagt deutlich, daß in spätern Zeiten etliche vom Glauben abfallen und verführerischen Geistern und Lehren der Dämonen anhangen werden»** (1. Tim. 4,1). Dieser Abfall äußert sich zum Beispiel auch darin, daß heute Tausende aus den Kirchen austreten. Aber von all diesen untrüglichen Zeichen ist Israel das gewaltigste: Israel ist der Zeiger an der Weltenuhr Gottes. War es denn etwa kein Wunder, daß nur drei Jahre nach der «Endlösung der Judenfrage», wo die Nazi-Schergen 6 Millionen Juden umbrachten, am 14. Mai 1948 der Staat Israel gegründet wurde?! Von dieser letzten Heimführung der Juden aus den Ländern ihrer Zerstreuung aber redeten die Propheten schon vor Jahrtausenden.

Die biblischen Zeichen der Zeit weisen also auf das Ende der Welt und die nahe Wiederkunft des Herrn hin. Die Gnadenzeit geht zu Ende. Bald wird der Zeiger an der Weltenuhr auf Mitternacht stehen. Dann wird die Stimme des Erzengels erschallen: Die Entrückung der Gemeinde Jesu findet statt. Nachher wird sich der Himmel öffnen und das «Zeichen des Menschensohnes» erscheinen, sichtbar vor aller Welt. Damit sehen wir auch das nächste:

2. Diese Welt geht dem Ende ihres Wesens entgegen

Nicht nur die Zeit, sondern auch **«das Wesen dieser Welt vergeht»** (1. Kor. 7,31b). Das heißt also, daß das Eigentliche, was die menschliche Gesellschaft ausmacht, erbarmungslos zugrunde geht. All diesem Vergänglichen gegenüber aber ruft die Schrift triumphierend aus: Jesus Christus hat **«dem Tode die Macht genommen und das Leben und ein unvergänglich Wesen**

Nur drei Jahre nach der „Endlösung" der Judenfrage Nazi-Deutschlands ruft David Ben Gurion am 14. Mai 1948 die Gründung des Staates Israel aus.

ans Licht gebracht durch das Evangelium» (2. Tim. 1,10). Doch alle Systeme, wie Kommunismus und Kapitalismus, falsche Religionen oder das Hurenwesen des Scheinchristentums, werden vergehen. Deswegen warnt die Bibel alle Kinder Gottes, die noch in der Welt sind: **«Habt nicht lieb die Welt, noch was in der Welt ist! Wenn jemand die Welt lieb hat, so ist die Liebe zum Vater nicht in ihm. Denn alles, was in der Welt ist, die Fleischeslust, die Augenlust und das hoffärtige Leben, kommt nicht vom Vater her, sondern von der Welt, und die Welt vergeht mit ihrer Lust; wer aber den Willen Gottes tut, der bleibt in Ewigkeit. Kinder, es ist die letzte Stunde! Und wie ihr gehört habt, daß der Antichrist kommt, so sind nun viele Antichristen geworden; daran erkennen wir, daß es die letzte Stunde ist»** (1. Joh. 2, 15–18). Wie ist dieses Wort zu verstehen: **«... so sind nun viele Antichristen geworden»?** Antwort: Der «Antichrist» wird nicht nur eine Person sein; er ist auch ein Kollektiv-Begriff.

Jede Zeit hat ihren Antichristen

Die antichristliche Weltherrschaft, das «Geheimnis der Gesetzlosigkeit», wird ihren Höhepunkt in dieser Letztzeit erreichen. Ihr Anfang aber liegt viel früher. Bereits Paulus schrieb zu seiner Zeit: **«Denn das Geheimnis der Gesetzlosigkeit ist schon an der Arbeit ...»** (2. Thess. 2,7). Er fährt dann aber weiter und sagt: **«... nur muß der, welcher jetzt aufhält, erst aus dem Wege geschafft werden; und dann wird der Gesetzlose geoffenbart werden ...»** Dieses aufhaltende Moment, das die volle Entfaltung des Antichristen noch zurückhält, ist der in der Gemeinde Jesu Christi wohnende Heilige Geist.

Doch schon damals drang der antichristliche Geist

hervor. Das hat folgende Vorgeschichte: Nachdem vor bald zwei Jahrtausenden der Glaube an Jesus Christus durch die messianisch-gläubigen Juden unter die Heiden gekommen war, da zog Gott Seine Hand von Israel zurück, weil die Juden als Volk zur Botschaft des Evangeliums nein sagten. Nach dem Tod der Apostel und der Zerstreuung Israels fehlte den Heidenchristen dann die geistliche Führung durch die Berufenen aus Israel. Darum konnte der antichristliche Geist schon damals Fuß fassen, und dadurch wurde den Irrlehren und dem Antichristentum der Weg in die Völker- und Kirchengeschichte gebahnt. Paulus sah dies voraus und sagte: **«Denn das weiß ich, daß nach meinem Abschied räuberische Wölfe zu euch kommen werden, die der Herde nicht schonen»** (Apg. 20,29). Ebenso bezeugte der Apostel Johannes: **«Und jeder Geist, der nicht Jesum Christum im Fleische gekommen bekennt, ist nicht aus Gott; und dies ist der Geist des Antichrists, von welchem ihr gehört habt, daß er komme, und jetzt ist er schon in der Welt»** (1. Joh. 4,3). Ich las diesbezüglich einmal das bedeutsame Wort: «Jede Zeit hat ihren Antichristen.»

Die gefährlichsten Feinde des Christen aber sind nicht die feindseligen Mächte von außen. Nein, die größten Feinde liegen in der eigenen selbstherrlichen, kreuzesscheuen Menschennatur, die der neuen Geistesnatur, der Gesinnung Jesu Christi, kräftig widerstreitet. Wieviel wurde doch in der Kirchengeschichte bis zum heutigen Tag gestritten. Wie werden auch bei Christen göttliche Dinge so oft mit Menschenaugen beurteilt! Und wie häufig bekämpfen sie sich gegenseitig mit hochfahrenden Reden. Die fromme Eigengesetzlichkeit, die dem Worte Gottes und dem Gebot der Liebe zuwider ist, wird rechthaberisch verfochten – bis der Herr kommt und Gericht für die Heiligen hält. Das alles gehört zum Wesen dieser Welt und muß aus der Gemeinschaft der Kinder Gottes ausgemerzt werden, *bevor* das Ende des Wesens dieser Welt plötzlich für sie da ist, nämlich die Entrückung, d.h. die plötzliche Hinwegnahme der Gläubigen von dieser Erde. Paulus ermahnt deshalb die Gläubigen mit ernsten Worten: **«Wenn ihr einander aber beißet und fresset, so sehet zu, daß ihr nicht voneinander verzehrt werdet!»** (Gal. 5,15.)

Der Anfang vom Ende

Siehst du die dunklen Wolken nicht, die schon am Horizonte aufgezogen sind? Die Menschheit geht heute völlig in der Diesseitigkeit auf. Das aber ist der Anfang des nahen Endes und eine Hölle für die, welche noch fähig sind, anders zu denken. Diese leiden unter dem harten Druck und den widernatürlichen Lebensverhältnissen und ahnen die Schwere des nahenden Gerichtes. Wie es aber schon zur Zeit Noahs und zur Zeit der Apostel war, so wird es auch zur letzten Zeit sein: Auf der einen Seite brutale Unterdrükkung allen keimenden Glaubens an Jesus Christus, wie in der östlichen Welt. Auf der anderen Seite verlockendes Entgegenkommen, indem die Wahrheiten der Bibel verwässert und verfälscht werden, so daß die echte Frömmigkeit zwangsläufig an Substanz verliert. Die Folge ist Weltförmigkeit und materialistische Gesinnung, wie wir ihr in der westlichen Welt auf Schritt und Tritt begegnen. Diese Versuchungen sind für Kinder Gottes die weitaus größte geistliche Gefahr. Denn dies alles gehört zum «Zeichen des Tiers», zur antichristlichen Denk- und Handlungsweise. Es ist das Zeichen der Antichristen, daß sie «Gerechtigkeit! Gerechtigkeit!» vor sich herrufen lassen, aber die Blutspur der Ungerechtigkeit hinter sich

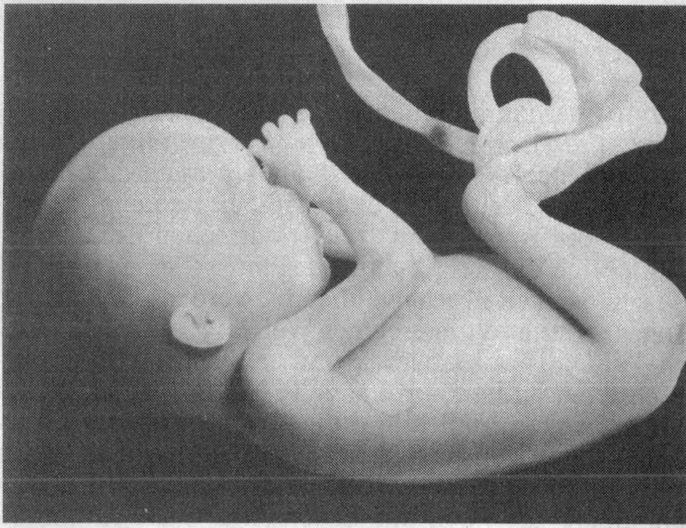

Embryo im 4. Monat – schon ein vollständiger Mensch. Neue Forschungen haben ergeben, daß das Herz bereits am 24./25. Tag nach der Zeugung zu schlagen beginnt. Solche Embryos aber werden heute zu Tausenden abgetrieben. In der „Frankfurter Allgemeinen Zeitung" (26. 3. 82) war zu lesen: „Im vergangenen Jahr hat es in der Bundesrepublik etwa 87 500 gemeldete Schwangerschaftsabbrüche (= Mord am ungeborenen Leben, Verf.) gegeben." Und eine weitere Pressemeldung berichtet von einem schaurigen Fund: „Los Angeles, 4. 3. 82 – 530 Leichen abgetriebener Babies fand eine kalifornische Containerfirma in einem Großbehälter, den sie von einer Klinik in Los Angeles zurückerhalten hatte ..."
Wahrlich, die Liebe ist schon in vielen Menschen erkaltet, wie es Christus vorausgesagt hat
(Matth. 24, 12).

her ziehen. Es gibt kein Wort im Evangelium, das von tieferer politischer Einsicht über das Weltende zeugt als jenes Christuswort: **«Und weil die Gesetzlosigkeit überhand nimmt, wird die Liebe in vielen erkalten»** (Matth. 24,12). Wir haben zwar «Friedensbewegungen», doch deren Triebfeder ist in vielen Fällen der Haß gegen alles Bestehende. Wir stehen bereits mitten in der Erfüllung des Wortes Jesu, daß die Liebe in vielen erkaltet, und damit ersterben auch andere Gemütswerte.

Zur überhandnehmenden Gesetzlosigkeit gehören nicht nur Entrechtung, rohe Vergewaltigung und Kräfteüberforderung vieler, sondern auch das Erziehen bzw. Verleiten zu übermäßiger Bequemlichkeit und Genußsucht, was zu Arbeitsscheu führt und schließlich die Kriminalität begünstigt. **«Und weil die Gesetzlosigkeit überhand nimmt»,** werden die einen in ungesunder und ungerechter Weise bevorzugt, andere im kalten Bürokratismus und liebloser Willkür benachteiligt und unbarmherzig in Not getrieben. Wenn wir bedenken, daß alle diese Symptome vom Geist des Antichristen ausgehen, er selbst sich aber noch nicht offenbaren kann, solange der Heilige Geist und die Gemeinde noch auf Erden sind – wie furchtbar muß es dann auf dieser Erde sein, wenn er sich in Person offenbart! Christus beschreibt die Zeit dieser Schreckensherrschaft mit den Worten: **«... alsdann wird eine große Trübsal sein, wie von Anfang der Welt an bis jetzt keine gewesen ist und auch keine mehr kommen wird»** (Matth. 24,21).

Gericht über die Völker und tausendjähriger Friede

Die Wiederkunft des Sohnes Gottes bedeutet ein Völkergericht zur gründlichen Reinigung der dämonisierten Geistesatmosphäre in der Welt. Und diesem vernichtenden Gericht – der Verdammnis in den Feuersee – fallen alle gewaltigen wider- bzw. antichristlichen Bestrebungen anheim, nämlich: all das viele falsche Prophetentum, von dem der Sohn Gottes einst vorhersagte, daß es kommen werde; auch das längst Dagewesene, alle menschlichen Selbsterlösungsbotschaften und -lehren, alle selbsterdichteten Religionen; nicht zuletzt auch der Islam, dessen Stifter Mohammed nicht mit Unrecht der «falsche Prophet» genannt oder auch als der «Antichrist des Ostens» bezeichnet wird.

Mohammed selber nimmt Bezug auf den wahren, sich selbst als solchen bezeugenden und offenbarenden Gott Israels, auf den Gott und Vater Jesu Christi, erhebt aber den Anspruch, dessen höchster Gesandter und wahrer Prophet zu sein. Damit zeigt er ein Gott verdunkelndes, Gott entwürdigendes Gegen-Gottesbild. Mohammed konnte sich nicht durch Zeichen und Wunder als Gesandter Gottes ausweisen. Nur durch blutige Gewaltmaßnahmen und harten Zwang, mit Feuer und Schwert durch seine fanatisierten Anhänger und sein diesbezügliches Gebot an sie, gelang es diesem falschen Propheten nach und nach, weitausgedehnte Völkerschaften in Asien und Nordafrika seinen Vorschriften, dieser «Religion ohne Liebe», zu unterwerfen und auch in Südeuropa Fuß zu fassen.

Jahrhundertelang wurden die Bewohner Europas, und damit auch das Christentum, durch führende islamische Völker bedroht. Der Islam ist ein Greuel, denn abgesehen von seiner Gewalttätigkeit und Dämonie verleugnet er den Sohn Gottes. Die Erlösung, auch der islamischen Völker, aus diesem leidvollen Bann, bei der Wiederkunft des Sohnes Gottes bei Harmagedon, wird auch für diese eine große Wohltat bedeuten.

Im Anschluß daran kommt dann das Tausendjährige Friedensreich unter der gesegneten Herrschaft des Königs aller Könige. Darüber habe ich mehr geschrieben in meinem Buch «Das 1000jährige Reich – eine Utopie?» Danach folgt das letzte:

3. Diese Welt geht dem Ende ihres Daseins entgegen

Wenn du, lieber Leser, nicht zur «ersten Auferstehung», d. h. nicht zur Entrückung gelangst, dann wirst du – wenn du dich auch während der Großen Trübsal nicht bekehrst (was sehr schwierig sein wird, weil dann jeder sein Leben für den Glauben lassen muß) – vor dem letzten Gericht erscheinen müssen.

Sobald wir aus dieser Zeit in die Ewigkeit hineinschreiten, ist die Zeit als solche vorbei. Das kann zum Beispiel durch einen Atomkrieg urplötzlich geschehen. Doch von allen Seiten, nicht nur durch nukleare Zerstörungsgewalt, stürmt das Verderben schon auf diese alte Welt ein. Darüber ein Zitat aus dem Buch «Wenn die Erde kippt» von G. von Hassler:

«Die Computerprogramme der 60er Jahre und die entsprechenden Szenarien der Futurologen reichten jedenfalls bei weitem nicht aus, um die gesamten Bandbreiten zwischen der Wahnsinnstat eines einzelnen und dem weltpolitischen strategischen Kalkül der Supermächte auszuloten. Wer oder was aber auch immer die nächste Erdkatastrophe auf dieser Welt auslösen sollte, es kann nur aufgrund unserer Wissenschaft, unseres Fortschrittes und unserer modernen Technik geschehen.

Macht es auch, wie Steinbuch meint, wenig Unterschied für den Betroffenen, ob er durch eine Wasserstoffbombe, Nervengift oder

„Sobald wir aus dieser Zeit in die Ewigkeit hineinschreiten, ist die Zeit vorbei. Das kann zum Beispiel durch einen Atomkrieg urplötzlich geschehen ..."
US-Langstreckenrakete des Typs MX (links); Raketen-Batterie des Warschauer Pakts (rechts).

mit dem Knüppel getötet wird, so ist es doch nicht ohne gewissen Reiz zu wissen, daß wir Abendländer unseren Mördern nicht nur die passenden Ideologien, sondern auch alles für den Mord Erforderliche an Wissen, Geld und Waffen frei Haus geliefert haben.

Kein Geringerer als Lenin hat dies in einer scharfsinnigen Analyse für die politisch instinktlose Kreml-Gesellschaft vorausgesagt. Ein Beweis dafür, daß große Politiker noch nie Computer benötigten, um die besten Futurologen zu sein, um menschliche und gesellschaftliche Verhaltensweisen auf Jahre hinaus richtig zu prognostizieren. In bezug auf die Überwindung des weltweit durch den Kapitalismus und seiner Knechte vertretenen Klassenfeindes, schrieb Lenin schon in 1921: ‹Sie werden uns genau jene Materialien und Technologien liefern, die uns fehlen. Und sie werden auch noch unsere Rüstungsindustrie aufbauen, die wir für unsere künftigen siegreichen Angriffe gegen unsere Lieferanten benötigen.› Mit anderen Worten: Sie werden hart arbeiten, um ihren Selbstmord einzuleiten. Noch aber ist es nicht soweit, noch haben wir offenbar ein wenig Zeit.»

Und in einem Orakelspruch des Futurologen Hermann Kahn heißt es:

«Auf jeden Fall, so hoffen und glauben wir, sollten derartige Schrecken (wie thermonukleare Zerstörung, ökologische Katastrophen usw., Verf.) nicht vor 1985 Wirklichkeit werden.»

Und dann? Ja, dann kommt:

Das letzte Gericht, vor dem auch Selbstmörder erscheinen müssen ...

Es wird uns im Worte Gottes so beschrieben: **«Und ich sah einen großen weißen Thron und Den, der darauf saß, vor dessen Angesicht die Erde entfloh und der Himmel, und keine Stätte wurde für sie gefunden. Und ich sah die Toten, die Großen und die Kleinen, vor dem Throne stehen, und Bücher wurden aufgetan; und ein anderes Buch ward aufgetan, welches das des Lebens ist. Und die Toten wurden gerichtet nach dem, was in den Büchern geschrieben war, nach ihren Werken. Und das Meer gab die Toten, die in ihm waren, und der Tod und der Hades gaben die Toten, die in ihnen waren, und sie wurden gerichtet, ein jeder nach seinen Werken. Und der Tod und der Hades wurden in den Feuersee geworfen. Dies ist der zweite Tod, der Feuersee. Und wenn jemand nicht geschrieben gefunden wurde in dem Buche des Lebens, so wurde er in den Feuersee geworfen»** (Offb. 20,11–15).

Jeder Mensch, der einmal gelebt hat, wird auferstehen **müssen,** ob er nun will oder nicht. Das wird uns an dieser und anderen Stellen der Bibel klar bezeugt. Im Buche des Propheten Daniel lesen wir: **«... viele, so unter der Erde schlafen liegen, werden aufwachen; etliche zum ewigen Leben, etliche zu ewiger Schmach und Schande»** (Dan. 12,2). Und Christus, über dessen Lippen nie ein unwahres Wort gegangen ist, sagt: **«... es kommt die Stunde, in welcher a l l e, die in den Gräbern sind, werden seine Stimme hören und werden hervorgehen, die da Gutes getan haben, zur Auferstehung des Lebens, die aber Übles getan haben, zur Auferstehung des Gerichts»** (Joh. 5,28–29). Auch Paulus bezeugt, daß ausnahmslos **alle** lebendig gemacht werden: **«Denn gleichwie in Adam alle sterben, so werden auch in Christus alle lebendig gemacht werden. Ein jeglicher aber in seiner Ordnung: Als Erstling Christus, darnach die, welche Christus angehören, bei Seiner Wiederkunft; hernach das Ende, wenn Er das Reich Gott und dem Vater übergibt, wenn Er abgetan hat jede Herrschaft, Gewalt und Macht»** (1. Kor. 15,22–24). Das heißt konkret: Die Kraft der Auferstehung Jesu Christi zieht durch bis an die äußerste Grenze; die Ausläufer von Ostern erreichen alle und alles. Kein Mensch, keine Tat, kein Wort, das nicht eines Tages vor dem lebendigen Christus steht, und zu dem der Vater unsers Herrn Jesus nicht Stellung bezieht!

Lieber Freund: Bilde dir bitte nicht ein, daß etwa **du** dieser letzten Abrechnung entrinnen könntest!

„... viele, so unter der Erde schlafen liegen, werden aufwachen; etliche zum ewigen Leben, etliche zu ewiger Schmach und Schande."

Denn wenn Himmel und Erde vor dem Angesicht des Thronenden fliehen werden, so wird das für alle, die nicht Jesus angehören, unvorstellbar entsetzlich sein. In alter Zeit wurden Menschen, die sich hinter der Schöpfung verstecken wollten (ich denke da an Adam und Eva), durch das furchtbare Richterantlitz Gottes in die Flucht geschlagen. Hier aber, beim Jüngsten Gericht, wird das Bild dahin ergänzt, daß ihnen jegliches Versteck entzogen wird und sich verflüchtigt. Der Ausdruck **«Erde und Himmel»** ist in dieser Reihenfolge in der Bibel nicht üblich. Offensichtlich zielt der ganze Vorgang auf den Menschen ab. Der Kosmos, den sich der Mensch zur Festung gegen Gott gemacht hat, explodiert ihm nach allen Seiten. Nun deckt ihn kein Himmel und birgt ihn keine Erde mehr. Der gesamte natürliche Rahmen, wie Volksstand, Beruf, Familie, Ehe, Kultur und Geschichte, fällt ab. Der Mensch steht allein vor dem richtenden Gott.

In diesem Sinne dient der Untergang der Schöpfung dem Offenbarwerden des Menschen selbst. Ohne Antichrist, ohne Satan, ohne Kosmos und ohne Universum bleibt er alleine übrig vor Gott. Es steht buchstäblich geschrieben: **«... vor Dessen Angesicht die Erde entfloh und der Himmel und keine Stätte wurde für sie gefunden.»** Die Schöpfung fliegt nicht irgendwo hin, sondern ins Nirgendswohin. Sie verschwindet spurlos, so daß die Menschen, die ihre Hoffnung auf die Kreatur gesetzt haben, hoffnungslos sind:

Auf dem Schauplatz bleiben in ungeheurer Leere der thronende Gott und die Menschen zurück. Zu Gott gehören selbstverständlich das Lamm, die Gemeinde und die Engel. Aber hier ist jedes Vielerlei zurückgedrängt und alles auf das eine Thema abgestellt, von dem nichts ablenken soll: Der Mensch und sein

Schöpfer, du und dein Gott. Es heißt: **«Und ich sah die Toten, die Großen und die Kleinen, vor dem Throne stehen.»** Gerne wären auch diese Menschen vor dem Antlitz auf dem Thron geflohen. Aber es ist, als ob eine Stimme dazwischendonnerte: «Steht!» Und sie stehen gebannt, vor ihren Richter gezwungen. Während also alles ins Nichts entlassen wird, der Mensch – und so auch du – nicht. Er überlebt sämtliche Auflösungen, auch die vielleicht gewünschte Auflösung im Tode. Weder kann er durch Selbstmord noch durch Kremation Schluß machen oder fliehen, noch macht der Tod Schluß. Das Schlußmachen hat Gott sich selbst vorbehalten. Er wird der Letzte sein wie Er der Erste war.

So stehen die Menschen in der allgemeinen Fluchtbewegung dann wie angenagelt vor der heiligen Majestät Gottes. Sie stehen da, unterschiedslos und gemeinsam, als **«die Großen und die Kleinen».** Darum ist es nicht ganz richtig, hier nur ein individuelles Gericht zu sehen: Es ist ein gesamtes Gericht. Gewiß wird jeder einzelne gerichtet, aber jeder im Angesichte aller. Miteinander und voreinander werden sie vor Gott offenbar. Das Gericht über den einzelnen wird zu einem Gericht über alle.

Erst in dieser Auferstehung eines jeden einzelnen kommt die Auferstehung Jesu zur Ruhe. Unaufhaltsam dringt Ostern vor, über die erste Auferstehung zur zweiten, allgemeinen Auferstehung zum Gericht, bis sie auch beim allerletzten Glied der Menschheit angekommen ist. Niemand kann ihr entrinnen. An Jesus Christus kommt niemand vorbei! Wer diese allgemeine Auferstehung nicht mit bekennt, der leugnet nach Paulus schon den Anfang in der Auferstehung Jesu Christi. Das alles hängt so wesentlich zusammen, weil auch die Vernichtungsgewalt des Todes aufs Ganze geht und kein Glied der Menschheit ausläßt.

Gartengrab in Jerusalem, wo der Leib Jesu Christi bestattet war, aus dem Er aber am dritten Tage auferstand.

Die Gegenbewegung Gottes würde ja in einem Teilsieg hängenbleiben, wenn sie vor irgendeiner Gruppe von Toten zum Halten käme. Dann wäre das Evangelium kein Evangelium. Gerade angesichts der Toten zeigt sich, ob wir eine Siegesbotschaft haben. Der Tod ist der brutalste Gegensatz zu dem lebendigen Gott und darum auch ein furchtbarer Schlag gegen den Glauben an Gott.

Jesus ist der Siegesheld, der all' Seine Feind' besieget! Gerade in dieser zweiten Auferstehung zum ewigen Gericht wird Sein Sieg über Hölle, Tod und Teufel bewiesen. Wenn bei diesem Gericht noch eine Stimme ertönen wird, dann ist es Dessen Stimme, der auf dem Thron ist.

Von den Gerichteten heißt es lediglich, daß sie vor Ihm stehen. Sie reden nichts. Sie antworten nicht, und sie werden ja auch nichts mehr gefragt. Wiederholt heißt es, daß dann nach dem Geschriebenen gerichtet wird, nicht nach dem, was sie sagen. Sie stehen jetzt vor einem Forum, das nicht mehr auf Verhöre mit ihren unvermeidlichen Fehlerquellen angewiesen ist. Zwar mögen sich manche Menschen zurechtgelegt haben, was sie dann alles zu Gott sagen wollen. Aber – da hat niemand mehr etwas zu sagen. Auch Zusatzerklärungen, wie man es doch gemeint habe und was andere getan hätten, entfallen. Es ist alles bekannt.

Besser ein Ende mit Schrecken als ein Schrecken ohne Ende

Das Ende dieses letzten Gerichtes zu schildern ist deshalb so furchtbar, weil es keines gibt. Wir lesen: **«Und wenn jemand nicht geschrieben gefunden wurde in dem Buche des Lebens, so wurde er in den Feuersee geworfen.»** Das ist die wahre Hölle, der schrecklichste aller

Orte, von deren Insassen es heißt, daß sie **«... mit Feuer und Schwefel gequält werden vor den heiligen Engeln und vor dem Lamme. Und der Rauch ihrer Qual steigt auf von Ewigkeit zu Ewigkeit; und sie haben keine Ruhe Tag und Nacht ...»** (Offb. 14,10–11).

Eines ist sehr klar: **Heute** kannst du gerettet werden. Jesus, der auferstanden ist, wartet auf dich! Aber viel Zeit hast du nicht mehr. Die Bibel sagt in Psalm 102,12: **«Meine Tage sind dahin wie ein Schatten ...»** Das merkst du in deiner Jugend noch nicht so sehr wie später, im Alter. Aber, weißt du, ob du nicht gerade heute zum Beispiel einem Verkehrsunfall zum Opfer fällst oder morgen erkrankst und stirbst? Dann stehst du vor den Toren der Ewigkeit! Du hast auch in dieser Hinsicht nicht mehr viel Zeit, denn du weißt nicht, wann deine Zeit abläuft.

Gleichzeitig aber beschleunigt sich in unseren Tagen das Handeln des Herrn in der Weltgeschichte. Weshalb? Weil die Zeit nahe ist, wo Christus wiederkommt. Die biblische Prophetie erfüllt sich vor unseren Augen in einer nie dagewesenen Konzentration. Vorausgesagte Ereignisse, die sich früher über Jahrhunderte hinzogen, gehen jetzt in einem zusammengedrängten Zeitraum von einigen Jahrzehnten vor sich. Wer hätte vor wenigen Jahrzehnten das Wunder der Sammlung der Juden nach Israel bzw. die Staatsgründung Israels als ein unmittelbar vor der Türe stehendes Ereignis voraussehen können? Und mit der natürlichen Wiedergeburt Israels hat auch schon seine geistliche Erneuerung begonnen. Exakt erfüllt sich die Aussage des Herrn durch den Propheten Jesaja: **«Ich der Herr will solches zu seiner Zeit eilend ausrichten»** (Jes. 60,22b).

Die Geretteten sind Ewigkeitsmenschen. Aber du, der du noch in verlorenem Zustande bist, hast nicht mehr viel Zeit, um dich auf die Ewigkeit vorzubereiten! Deshalb: Schicke dich, und begegne deinem Gott! Es ist so unendlich wichtig für dich, daß du Vergebung deiner Sünden erlangst, bevor du vor Gott stehst. Der Herr Jesus, der Sein reines, heiliges Leben auch für dich dahingab, der Sein Blut zur Vergebung der Sünden vergoß, sagt: **«Wer überwindet, der soll mit weißen Kleidern angetan werden, und Ich werde Seinen Namen nicht austilgen aus dem Buch des Lebens, und Ich will seinen Namen bekennen vor Meinem Vater und vor Seinen Engeln»** (Offb. 3,5). Nur dann, wenn du ein unbeflecktes Herz hast, wirst du die Ewigkeit mit Gott verbringen können. Denn es heißt in der Bergpredigt Jesu sehr klar: **«Selig sind, die reines Herzens sind; denn sie werden Gott schauen»** (Matth. 5,8). Dort, in der himmlischen Herrlichkeit, hat keine einzige Sünde Platz, steht doch im letzten Buch der Bibel geschrieben: **«Und es wird durchaus nichts Unreines in sie eingehen, noch wer Greuel und Lüge übt, sondern nur die, welche im Lebensbuch des Lammes geschrieben stehen»** (Offb. 21,27).

Bist du bereit, dem ewigen Gott zu begegnen?

Vielleicht warst du früher einmal Christ. Aber das Namenchristentum hat dich enttäuscht. Bedenke: Wenn du zu denen gehörst, die einmal vor diesem großen weißen Gerichtsthron stehen müssen, dann kannst du all das, was du dir vielleicht zu sagen vorgenommen hast, nicht mehr vorbringen. Denn dann werden die Bücher des Allwissenden geöffnet, worin auch von dir alles aufgezeichnet ist. Gott wird dich dann nicht fragen, was andere mit dem Evangelium getan haben. Nein, Er wird dich fragen, was du mit Seinem Sohn Jesus getan hast.

Es kann dir niemand sagen, wie lange du noch zu

leben hast. Vielleicht ist heute dein letzter Tag. Kein Mensch, auch du nicht, kann wissen, ob er morgen noch lebt. Darum spricht der Herr: «Heute, so du Meine Stimme hörst, verstocke dein Herz nicht!» Und wenn dir alles dunkel und das Leben so wertlos erscheint – hier ist die Möglichkeit für dich: **Ein neues Leben mit Jesus!** Sage Ihm: «Herr Jesus, ich komme so, wie ich bin und suche Heil in Deinem Blut. Ich will Dir gehören für Zeit und Ewigkeit!» Dann nimmt Er dich an und macht dein Leben neu!

Kein Mensch weiß die Stunde seines Ablebens.
Darum ruft die Bibel: **„Schicke dich, und begegne deinem Gott!“**

Im Zentrum der horizontalen und vertikalen Endzeitereignisse

Laßt uns nun die Lage ins Auge fassen, in der sich die ihrem Ende entgegengehende alte Welt befindet, damit Gott ein ganz Neues schaffen kann:

Wir leben in einer erregenden, wundersamen Zeit und sollten dem Allmächtigen danken, daß gerade unsere Generation Augenzeuge des Geschehens dieser Jahrzehnte sein darf! Denn wir sehen heute mit unseren Augen und hören mit unseren Ohren das, was unsere Väter und Vorväter zu schauen begehrten. Manche unter ihnen haben dieses Einmalige in der Weltgeschichte von ferne im Glauben gesehen: Die Wiederkunft Jesu Christi zur Aufrichtung Seines Reiches und damit die Wiederherstellung Israels.

Psalm 2 redet von horizontalen und vertikalen Ereignissen, wobei als «horizontal» das **menschliche Tun**, also die Weltgeschichte bzw. Weltpolitik, und als «vertikal» das **göttliche Handeln** gemeint ist: **«Warum toben die Nationen, und die Völker reden so vergeblich? Die Könige der Erde lehnen sich auf, und die Herren ratschlagen miteinander wider den Herrn und Seinen Gesalbten: Lasset uns zerreißen ihre Bande und von uns werfen ihre Seile!** (Das ist das horizontale Geschehen) **Aber Der im Himmel wohnt, lachet ihrer, und der Herr spottet ihrer. Er wird einst mit ihnen reden in Seinem Zorn, und mit Seinem Grimm wird Er sie schrekken. Aber Ich habe Meinen König eingesetzt auf Meinem heiligen Berg Zion. Ich will von der Weise predigen, daß der Herr zu Mir gesagt hat: Du bist Mein Sohn, heute habe Ich Dich gezeuget; heische von Mir, so will Ich Dir die Heiden zum Erbe geben und der Welt Enden zum Eigentum** (Das ist das Handeln Gottes, das sich vertikal auswirkt)» (Ps. 2,1–8).

Im Zentrum aller horizontalen Ereignisse ist Jesus Christus. Als Er in der Fülle der Zeit geboren wurde, war dies das größte vertikale Ereignis: **«Denn Gott war in Christo und versöhnte die Welt mit Ihm selber»** (2. Kor. 5,19). Das war und ist das umfassendste, ewiggültige Geschehnis aller Zeiten, daß Gott diese «ewige Erlösung erfunden hat» (Hebr. 9,12): Jesus Christus hing als Sündenträger am Kreuz von Golgatha zwischen Himmel und Erde. Er trug dort die Sünde der Welt hinweg und versöhnte sie mit Gott. Deshalb schrieb der überaus gelehrte Paulus den intelligenten Korinthern: **«Denn ich hielt mich nicht dafür, daß ich etwas wüßte unter euch, als allein Jesum Christum, den Gekreuzigten»** (1. Kor. 2,2).

Wenn wir von den horizontalen und vertikalen Endzeitereignissen sprechen, dann von Jesus Christus, dem bald kommenden Weltenherrscher, als dem eigentlichen Zentrum. Seine Wiederkunft ist die vertikale Linie. Die Bibel lehrt, daß Er in Israel, in Jerusalem, sichtbar wiederkommen wird: **«... Seine Füße werden an jenem Tage auf dem Ölberge stehen, der vor Jerusalem gegen Osten liegt»** (Sach. 14,4a). Es ist nun faszinierend zu sehen, daß Seine Stadt – Jerusalem – und Sein Volk – Israel – immer mehr in den Mittelpunkt des Weltgeschehens gerückt werden. Das vertikale Endzeitgeschehen manifestiert sich eben auch in dem, was mit Israel, Jerusalem und der Gemeinde Jesu auf Erden geschieht. Diese Fakten können die Weltpolitiker trotz all ihrer Konferenzen nicht ändern. Denn diese Ereignisse sind das machtvolle vertikale Eingreifen Gottes im horizontalen, also im weltpolitischen Bereich.

Der Hügel Golgatha, die Stätte des größten Sieges aller Zeiten.

Wer nach Golgatha schaut ...

... und den Gekreuzigten erblickt, vermag den Grundkonflikt des dreimal heiligen Gottes mit einer sündigen Menschheit, aber auch die triumphale Lösung zu erkennen. Golgatha ist die Brücke über den unlösbaren Zwiespalt Gottes im Blick auf Seine Heiligkeit und Liebe. Denn der ewige Gott, unser Schöpfer, ist heilig und gerecht, so daß kein Sünder vor Ihm bestehen kann. Jeder Mensch aber ist von Natur ein Sünder, denn die Bibel sagt: **«Es ist keiner gerecht, auch nicht einer»** (Röm. 3,10). Die Heilige Schrift lehrt uns aber auch, daß Gott Liebe ist (1. Joh. 4,8). Kraft dieser Liebe fand Er einen Weg, die Sünde zu sühnen und eine verlorene Menschheit mit sich selber zu versöhnen: **«Also hat Gott die Welt geliebt, daß Er Seinen eingeborenen Sohn gab, auf daß alle, die an Ihn glauben, nicht verloren werden, sondern das ewige Leben haben»** (Joh. 3,16). Mit diesem vertikalen Eingriff in das menschliche Sein durchkreuzte Gott die zum Tode führende Menschheitsgeschichte. Durch den Propheten Hesekiel spricht Er: **«Du sollst leben!»** (Hes. 16,6.) Und dieses ewige Leben gab Er in Seinem Sohn, Jesus Christus, der am Kreuze sterbend ausrief: **«Es ist vollbracht»** (Joh. 19,30). Damit war der Konflikt gelöst, der Kampf zwischen Licht und Finsternis entschieden! Gott schied hier zum zweiten Mal das Licht von der Finsternis, wie Er das bei der Schöpfung der Welt getan hatte, als Er sprach: **«Es werde Licht. Und es ward Licht. Und Gott sah, daß das Licht gut war. Da schied Gott das Licht von der Finsternis»** (1. Mose 1,3–4).

Heute nun ist Gottes Ziel die Vollendung dieser am Kreuz von Golgatha durch Jesus Christus bewirkten Scheidung von Licht und Finsternis. Deshalb dieser sich so gewaltig zuspitzende Kampf! Alles, was sich heute horizontal in dieser Welt abspielt, wehrt sich mit zunehmender Verbitterung und immer größerem Haß gegen das vertikale Handeln Gottes. Karl Marx, einer der Väter des Kommunismus, schrieb in einem seiner Gedichte: «Ich möchte mich an dem Einen rächen, der dort oben herrscht.» Er war überzeugt, daß es Einen im Himmel gibt, der herrscht, und er lag im Streit mit Ihm. So gibt es heute Millionen und aber Millionen von Gott-Hassern. Äußerlich leugnen sie Seine Existenz, aber innerlich wissen sie darum. Sie richten sich deshalb mit aller Macht gegen die Christen und gegen Israel und Jerusalem, gegen diese lebendigen, sichtbaren Zeichen der Existenz Gottes auf Erden.

Die Bedeutung Israels im Zentrum dieser horizontalen und vertikalen Endzeitereignisse

Im Zentrum der diametral entgegengesetzten Mächte steht Israel. Fast täglich hören wir in den Nachrichten-Medien etwas von Israel, sei es nun positiver oder negativer Art. So wie Jesus Christus, der Sohn Gottes und der Sohn Israels, im Zentrum der beiden sich gegenseitig völlig ausschließenden Pole litt – Gott und Mensch, Licht und Finsternis –, so befindet sich Israel heute sowohl vertikal als auch horizontal im Zentrum dieser aufeinanderprallenden Gegensätze. Das sich zwischen diesen beiden Polen befindende Israel aber wird leben, weil Jesus Christus lebt und weil Er die unüberbrückbaren Gegensätze zwischen Gott und Menschen durch Sein kostbares Blut, das Er am Kreuz von Golgatha vergossen hat, überbrückt und den Widersacher, Satan, aus dem Zentrum vertrieben hat. Über dieses wunderbare Geschehen berichtet uns der Epheserbrief: **«Damals hattet ihr keinen Christus,**

Karl Marx (1818–1883) leugnete die Existenz Gottes nicht, wie viele seiner Anhänger, sondern schrieb während seiner Studentenjahre: „Ich möchte mich an dem Einen rächen, der dort oben herrscht."

Rechts:
Der Nil, dieser große afrikanische Strom, erinnert uns an Pharao, den Antisemiten in alter Zeit, der seinem ganzen Volk den Befehl gab: „Werft jeden Knaben, der den Hebräern geboren wird, in den Nil"
(2. Mose 1, 22).

ihr waret ausgeschlossen von dem Bürgerrecht in Israel und dem Verheißungsbunde fremd; daher hattet ihr auch keine Hoffnung und lebtet ohne Gott in dieser Welt dahin. Jetzt aber, in der Gemeinschaft mit Christus Jesus, seid ihr, die ihr einst fern gestanden, durch Christi Blut nahe gebracht worden. Er ist unser Friede. Er hat aus beiden (Juden und Heiden) **eins gemacht und den sie trennenden Zaun hinweggeräumt. Denn Er hat durch Sein Fleisch die Feindschaft, die das Gesetz mit seinen Geboten und Verordnungen zwischen ihnen erregte, für immer abgetan. So wollte Er die beiden in Sich selbst zu einem neuen Menschen umschaffen. Ja, Er hat Frieden gestiftet und beide, die in einem Leibe vereinigt werden sollten, mit Gott versöhnt durch das Kreuz, an dem Er ihre Feindschaft ertötet hat»** (Eph. 2,12–16). Darin besteht das Geheimnis von Golgatha, dessen Tiefen wir nie völlig werden ergründen kön-

nen. – Es ist kein Wunder, daß alles, was horizontal gelagert ist, dieses Bundesvolk Gottes immer heftiger zu hassen beginnt und ablehnt, denn:

Israel ist das große Zeichen des kommenden Königs Jesus Christus

Bewußt oder unbewußt wollen die Völker dieses Zeichen schleunigst wieder aus dem Zentrum der weltpolitischen bzw. horizontalen Ereignisse verdrängen. Aber wir fragen mit dem Psalmisten: «Was toben die Nationen so vergeblich?» Gott vollendet Seinen Plan! Wer gegen Israel ist, kämpft gegen Gott! Wer in seinem Herzen, auch als gläubiger Mensch, eine antisemitische Abneigung gegen Israel hat, der ist nicht nur Israels Feind, sondern auch Gottes Feind! Ein Blick in die Vergangenheit bestätigt diese Aussage zur Genüge: Alle einstigen Antisemiten, die gegen Israel kämpften, sind umgekommen oder zu Schanden geworden. Denken wir nur an die Römer, Kreuzfahrer, Türken, Araber und an Nazi-Deutschland. Wer gegen Israel streitet, versucht die alles durchkreuzende vertikale Linie, in deren Zentrum sich Israel befindet, zu beseitigen. Doch das alte Bibelwort, das sich vor Jahrtausenden in Ägypten an Israel erfüllte, bewahrheitet sich auch heute: **«Je mehr sie aber das Volk drückten, desto zahlreicher wurde es und desto mehr breitete es sich aus»** (2. Mose 1,12). Das Ergebnis der schrecklichen Ausrottungsversuche in alter Zeit, als der Pharao Ägyptens jedes neugeborene jüdische Knäblein in den Nil werfen ließ, war, daß Israel als ein freies und vom Sklavenjoch erlöstes Volk aus Ägypten in das Land der göttlichen Verheißung zog. Diese Ge-

Antisemitismus heute: Am 24. Juni 1978 fand in Chicago eine Großdemonstration der Nationalsozialistischen Partei Amerikas statt. Unser Bild: „Führer" Frank Collin inmitten seines Stabes.

schichte wiederholte sich in unserem Jahrhundert. Alle Versuche, Israel bzw. die Juden auszurotten, schlugen fehl und führten schließlich zur Geburt des Staates Israel.

Während vor der Staatsgründung Israels im Jahre 1948 ein Land Millionen von Juden verfolgte (Hitler-Deutschland), verfolgen heute viele, ja fast alle Länder ein Volk: Israel. Heute sind tatsächlich alle Nationen dabei, vorab die arabischen Staaten, sich gegen Israel zu kehren, wobei die europäischen Länder nicht die letzten sind. Der Antisemitismus bzw. Antizionismus befindet sich mächtig im Aufbruch. In Israel begegnete ich einer holländischen Jüdin, die von einer Stadt in die andere umzieht, weil der Antisemitismus auch in den Niederlanden überall zunimmt. In Amerika wurden und werden laufend jüdische Synagogen und Gräber geschändet. Das sind nur zwei Beispiele von vielen.

Die antisemitischen Jäger

Der weltweit um sich greifende Antisemitismus, so widerspruchsvoll das auch tönt, wirkt zum Wohle Israels mit. Denn nur so werden die Juden, die nicht nach Israel zurückkehren wollen, ins Land ihrer Väter zurückgeführt, wodurch sich Gottes Wort aus dem Buche des Propheten Jeremia erfüllt: **«So wahr der Herr lebt, der die Kinder Israel heraufgeführt hat aus dem Lande des Nordens und aus all den Ländern, wohin Er sie vertrieben hatte! Und Ich werde sie in ihr Land zurückbringen, das Ich ihren Vätern gegeben habe. Siehe, Ich will zu vielen Fischern senden, spricht der Herr, daß sie sie fischen; und danach will Ich zu vielen Jägern senden, daß sie sie jagen von jedem Berge und von jedem Hügel und aus den Felsenklüften»** (Jer.

16,15–16). Mit anderen Worten: Die Juden werden durch den Antisemitismus nach Israel zurückgejagt, damit das göttliche Zentrum der horizontalen und vertikalen Endzeitereignisse immer stärker wird.

Vor Monaten verließ der junge jüdische Publizist Henryk Broder seine Wahlheimat Deutschland. Doch bevor er nach Israel abreiste, schrieb er einen offenen Brief an seine «linken» Freunde. Es ist eine Abrechnung mit dem Antizionismus, der alte antisemitische Instinkte mit progressiven Parolen maskiert, ein Dokument des Zorns und der Resignation:

«Euer Jude von heute ist der Staat Israel. So wie Eure Eltern meinten, ohne die Juden ginge es ihnen viel besser, meint Ihr, ohne Israel gäbe es im Nahen Osten keine Konflikte. Es gibt keinen arabischen Staat, der nicht mit wenigstens einem anderen Staat in der Region permanent Krach hätte ... Aber für Euch ist Israel der einzige Störenfried der Gegend, das einzige Hindernis zu Frieden und Sozialismus.

Aber wer ist es, der da aufsteht und sich über Israel empört? Über die Siedlungspolitik, über die Verletzung der Menschenrechte in den besetzten Gebieten, über die soziale Benachteiligung der israelischen Araber? Es sind dieselben, die die sowjetische Besatzung Afghanistans gutheißen, die nicht einmal wissen, daß Tibet von China besetzt gehalten wird, die Begin einen Terroristen nennen, die vor jedem Despoten, sei es nun Idi Amin, Ghadaffi oder Khomeini, Honneurs machen, dieselben, die es keinen Dreck interessiert, wie die Kurden in der Türkei langsam aber sicher kulturell endgelöst und im Iran und Irak zu Hunderten massakriert werden; die vom Völkermord in Äthiopien noch nie etwas gehört haben und die über die anhaltende Sonderbehandlung der Zigeuner in der Bundesrepublik hinwegsehen ...»

Henryk Broder kennt die tiefen Wurzeln dieses neu aufbrechenden Antisemitismus nicht. Deshalb ist er frustriert über die verschiedenen Maße, die bei der Beurteilung der Völker angewandt werden, und über die antisemitische Manipulation des Christentums. So berichtet er:

«Heiligabend. Ich höre im WDR Nachrichten. Die Top-Meldung kommt aus Rom: ‹Christen und Moslems haben nach Ansicht von Papst Johannes Paul II. die Pflicht zur Zusammenarbeit, um Freiheit für Jerusalem zu erreichen und die Heilige Stadt allen religiösen Gruppen zurückzugeben.› Ich will nicht darauf eingehen, was die Institution ist, die der Papst personalisiert. Ich will nur, in aller Demut, daran erinnern, daß kein Papst bis zum Jahre 1967, dem Sechs-Tage-Krieg also, dazu aufgerufen hat, ‹die Heilige Stadt allen religiösen Gruppen› zu öffnen; bis dahin waren nämlich die Juden die einzige religiöse Gruppe, die keinen freien Zugang zu ihren heiligen Stätten hatte. Heute, da Jerusalem unter jüdischer Souveränität den Gläubigen aller Konfessionen offen steht, meint der katholische Oberhirte, dazu aufrufen zu müssen, ‹Freiheit für Jerusalem› zu erreichen. Und das schlimmste: Niemand empört sich, niemand schreit auf.»

Damit haben wir im wahrsten Sinne des Wortes das Zentrum des Zentrums der horizontalen und vertikalen Endzeitereignisse erreicht: Jerusalem, das Herz Israels, die Residenz des Ewigen, der da spricht: **«Ich will Jerusalem wieder erwählen . . .»** (vgl. Sach. 1,17; 2,16; 3,2). Alles Schreien für die «Befreiung Jerusalems» ist wider das zielbewußte Handeln Gottes in der Weltgeschichte gerichtet, nämlich gegen:

- die Aufrichtung Seines Reiches auf Erden in Jerusalem
- die Wiederkunft Seines Sohnes nach Jerusalem
- die gesegnete Weltherrschaft unter dem König aller Könige in und von Jerusalem aus.

Jerusalem ist durch die Tatsache, daß sich heute fast die ganze Welt gegen diese Stadt kehrt, ein Wahrheitsbeweis der Bibel. Denn Gott sagt durch den Propheten Sacharja: **«Ich werde alle Nationen wider Jerusalem sammeln zum Streit»** (Sach. 14,2). Die zunehmende weltweite Feindschaft gegen Jerusalem ist Erfüllung der Prophetie und wird sich deshalb ständig steigern, bis hin zur Schlacht von Harmagedon (Endkampf der Völker gegen Israel), wo Christus plötzlich in großer Kraft und Herrlichkeit mit Seiner entrückten Brautgemeinde erscheint.

An und in Jerusalem scheiden sich die Geister

Inzwischen aber ergreift alle Völker Jerusalems wegen ein Rausch, denn es geschieht das, was der Herr schon vor langer Zeit gesagt hat: **«Siehe, Ich will Jerusalem zum Taumelbecher zurichten allen Nationen, die umher sind»** (Sach. 12,2). Alle trinken in unseren Tagen von diesem «Taumeltrank»; deshalb handeln die Nationen so widersinnig. Wie wäre es sonst wohl zu verstehen, daß eine Nation wie Amerika mit Saudi-Arabien, einem der Todfeinde Israels, paktiert? Saudi-Arabien, das geschworen hat, Jerusalem zu «befreien», wird heute in diesem Vorhaben tatsächlich von den USA durch modernste Waffenlieferungen unterstützt! Doch nicht genug damit: Amerika hegt feste Pläne, auch dem feindlichen Jordanien neuste Offensivwaffen zu liefern!

Israel wird aber nicht nur horizontal angefochten; es ist auch ein Schlachtfeld des Geistes. Weil dieses Land und die Stadt Jerusalem Gottes besonderes Eigentum sind, versuchte Satan im Laufe der Geschichte immer wieder, Besitz davon zu ergreifen.

Wer gläubig durch Israel geht und Gott sucht, findet hier die Spuren Jesu wie in keinem anderen Land der Welt – Spuren, die den Müden aufrichten, den Verzweifelten trösten, den Schwachen stärken und toten Augen Kraft, Glanz und neues Leben geben, indem sie die große lichte Zukunft des Herrn sehen!

Dieses Land bildet das Zentrum der horizontalen (irdischen) und der vertikalen (himmlischen) Welt. Was auch an Gutem oder Bösem in der Welt geschieht, es findet seinen Ausgang, seinen Höhepunkt und sein Ende in Israel. Alle geistigen Strömungen gingen von dort aus und müssen dorthin mit allen Anschwemmungen des Erdenlaufs zurückfließen. Ein Fluß, der im Kreise läuft und wieder in seine Quelle

Jerusalem (vom Jaffator aus)

mündet, bringt nicht nur das Wasser zurück, das am Anfang floß. Gutes und Böses geht von Jerusalem aus und kehrt wieder nach Jerusalem zurück. Ich wiederhole: Israel ist das strategische Zentrum und das Schlachtfeld des Geistes, denn:

- Hier kämpften Engel des Lichtes gegen Engel der Finsternis, als Abraham in dieses Land einzog, als Israel aus Ägypten zurückgeführt wurde und als die wahren gegen die falschen Propheten aufstanden.
- Hier wurde der Sohn Gottes geboren.
- Hier errang Er den entscheidenden Sieg.
- Hier wurde der Heilige Geist ausgegossen.
- Hier werden die letzten Kämpfe des Geistes stattfinden.

– Hier, bei Harmagedon, wird die letzte Schlacht geschlagen werden, die zur Wiederkehr Christi und zur Aufrichtung Seines Tausendjährigen Friedensreiches auf Erden führen wird.

Gott hat das kleine Israel und insbesondere seine Hauptstadt Jerusalem zum Ort Seiner großen Entscheidungen auserwählt. Daraufhin erwählte sie auch Satan, der als «Fürst dieser Weltzeit» überall auf dieser Erde Zutritt hat, und stationierte dort Legionen von Dämonen, um die Einwohner zu beherrschen und die Pläne Gottes zu durchkreuzen. Wie in keinem anderen Land der Welt hat man hier **«nicht mit Fleisch und Blut zu kämpfen, sondern mit Fürsten und Gewaltigen, nämlich mit den Herren der Welt, die in der Finsternis dieser Welt herrschen, mit den bösen Geistern unter dem Himmel»** (Eph. 6,12).

Obwohl wir es mit unseren Augen nicht wahrnehmen können: Satan wartet mit seinen Dämonenheeren auf jeden, der sich dem Heiligen Lande nähert, und sie nehmen insbesondere diejenigen unter Beschuß, die Jerusalem betreten. Es ist eine bekannte Tatsache, daß man zum Beispiel in Haifa (Stadt im Norden Israels) geistlich viel ruhiger lebt als in Jerusalem. Auf die Einwohner Jerusalems kommt es an, denn **«daselbst stehen die Stühle zum Gericht!»** (Ps. 122,5.)

Wir mögen mit den besten Absichten nach Israel kommen, aber wenn die Motive unseres Herzens unlauter sind, dann können wir, wie einst die Kreuzritter, vor den Toren Jerusalems stehen, werden aber in der Stadt selbst zu Mördern: Am 14. Juli 1099 kam der erste Kreuzzug zum erfolgreichen Abschluß. Die Kreuzritter drangen in Jerusalem ein. Sie waren, als sie der Mauern dieser Stadt ansichtig wurden, niedergekniet und hatten Gott gedankt. Was aber geschah nach der Eroberung? Dankten sie da Gott noch mehr? Wurden die Kreuzritter mit Heiligem Geiste erfüllt? Predigten sie den Juden und Mohammedanern, die sie in Jerusalem fanden, das Evangelium?

Die Begeisterung der Kreuzfahrer, als sie zum ersten Male Jerusalem sahen, ist auf diesem Stich von Gustave Doré aus dem 19. Jahrhundert dargestellt. Die blutige Eroberung der Heiligen Stadt stand aber im traurigen Gegensatz zu den religiösen Anliegen.

Nein! Sie wurden dämonisch besessen und deshalb von einem unglaublichen Blutrausch befallen. Volle acht Tage konnten sie nichts anderes tun, als Menschen zu schlachten. Mohammedaner und Juden, Männer und Frauen, Greise und Kinder wurden alle waffenlos den Eroberern ausgeliefert und hingemetzelt, so daß das Blut buchstäblich in den Straßen floß. Die Zahl der in jener Woche in Jerusalem von den Kreuzrittern Ermordeten wird von Geschichtsforschern auf 40000 bis 100000 geschätzt. Es war einer der größten Siege Satans, denn niemand hat dem Reiche Gottes, der Ausbreitung des Evangeliums, mehr geschadet als diese «Christen». Sie dachten, eine Armee Christi zu sein, aber in Jerusalem, dem Orte der Entscheidung, wo **«die Stühle zum Gericht stehen»**, haben sie sich als eine Armee Satans erwiesen, trotz ihres schönen Titels «Kreuzritter» und ihrer schönen Mäntel mit den aufgenähten Kreuzen.

Wie man nach Jerusalem geht, ist nicht entscheidend, sondern das, was man dort wird! Wer in Jerusalem nicht genau auf die Stimme und Führung des Herrn hört, wird dort von Satan und seinen Dämonen empfangen. Und was er gestern mit den Kreuzrittern tun konnte, kann er heute mit anderen Christen und Missionaren tun, die nicht auf den Willen und Ratschluß des Herrn mit Israel und Jerusalem achten!

Wir durchleben die bis heute grauenhaftesten Jahre der Weltgeschichte seit der Sintflut in den Tagen Noahs: Nie wurde so viel Blut vergossen, nie so viel verwüstet und zerstört wie in diesen Jahren des Unheils. Was sind die Kriegszüge und Grausamkeiten der alten Ägypter und Assyrer, Meder und Perser, Griechen und Römer im Vergleich zu den Kriegszügen und Grausamkeiten von heute? Wer sind Hannibal oder Napoleon gegenüber jenen, die heute Millionen und aber Millionen gegeneinander führen? Eine wahre Flut der Sünde umgibt uns, Unzählige von Menschen ertrinken buchstäblich in Blut und Tränen. Der Friede ist von der Erde genommen!

Wer ist schuld an diesen chronischen Kriegszuständen?

Sind es jene, deren Namen auf aller Lippen sind? Jene allein? Sind wir nicht alle mitschuldig? Haben nicht alle Völker, hat nicht jeder einzelne von uns zum Kriege beigetragen? Auch wenn wir keinen Krieg gegen dieses oder jenes Land wollten – wir führten den Krieg aller gegen alle! Jesus sagt in der Bergpredigt: **«Ihr habt gehört, daß zu den Alten gesagt ist: ‹Du sollst nicht töten›; wer aber tötet, der wird dem Gericht verfallen sein. Ich aber sage euch: Jeder, der seinem Bruder zürnt, wird dem Gericht verfallen sein»** (Matth. 5,21–22). Und im 1. Johannesbrief heißt es: **«Jeder, der seinen Bruder haßt, ist ein Totschläger»** (1. Joh. 3,15).

Der Krieg beginnt nicht mit dem Töten, sondern mit dem Zürnen. Das Zürnen ist der erste Schritt, der Mord der letzte auf der Bahn des Hasses. Denn: Jeder Gedanke ist eine Kraft, jedes Gefühl eine Macht! Wir leben im Gedankenstrom der Menschheit und verstärken ihn durch den Zufluß unserer eigenen Gedanken, zum Guten wie zum Bösen. So wie Ströme über ihre Ufer treten und das Land überschwemmen, so tritt schon seit 1914 der Gedankenstrom des Hasses in großem Ausmaß über seine Ufer und überschwemmt die Welt. Die Frage, wer damals als erster zu den Waffen griff, ist belanglos. Den Krieg begonnen haben *wir*, nicht irgendein anderer – nicht an dieser oder jener Grenze, sondern in unserem eigenen Herzen, in unserer Familie, in unserer Gemeinde, in unserem

Dorf, in unserer Stadt. Wir führten in unseren Gedanken Krieg gegeneinander.

Hast auch du Neid, Zank, Haß und Zorn in deinem Herzen, so kehre doch jetzt zu Dem zurück, der dich geschaffen hat, der für alle deine Gedanken-, Wort- und Tatsünden stellvertretend am Kreuze litt! Sage Jesus Christus, dem für dich gekreuzigten und auferstandenen Heiland, deine Sünden und deine Not, so wird Er dir vergeben und dich heilen!

Das zielbewußte Handeln Gottes in der Welt- und Heilsgeschichte

Heute geschehen neue, noch nie dagewesene Dinge! Gott wiederholt sich nie! Deshalb rief Er durch Jesaja schon vor Jahrtausenden aus: **«Gedenket nicht an das Alte und achtet nicht auf das Vorige! Denn siehe, Ich will ein Neues machen; jetzt soll es aufwachsen, und ihr werdet's erfahren, daß Ich Weg in der Wüste mache und Wasserströme in der Einöde»** (Jes. 43,18–19).

Die prophetischen Perspektiven für unsere Zeit beruhen auf Seinem heiligen Wort: **«Ich will»!** (vgl. z.B. Nah. 2,14; Hes. 36,26–27.29.32 usw.) Nicht der Wille der Menschen, sondern der heilige Wille Gottes geschieht und ist schon dabei, sich im Himmel und auf Erden zu vollziehen, wie der Herr Jesus gebetet hat: **«Dein Wille geschehe auf Erden wie im Himmel»** (Matth. 6,10). Der Ewige handelt in der Welt- und Heilsgeschichte vom Allerkleinsten bis zum Allergrößten!

«Siehe gen Himmel und zähle die Sterne!»

Als Gott, der Herr, Abraham aus seinem Zelt führte und zum nächtlichen Sternenhimmel aufblicken ließ, hätte Abraham Grund zum Zweifeln gehabt, denn Gott sagte ihm: **«Siehe gen Himmel und zähle die Sterne; kannst du sie zählen? und sprach zu ihm: Also soll dein Same** (d.h. deine Nachkommenschaft) **werden»** (1. Mose 15,5). Nach den damaligen Erkenntnissen der Astronomie stand die Zahl der Sterne zwar fest. Über Jahrtausende hinweg galt es als wissenschaftlich erwiesen, daß nicht mehr als 1060 Sterne am Himmel stehen. Aber durch Beobachtungen mit leistungsfähigen Teleskopen und bestimmten fotografischen Methoden weiß man heute, daß allein unsere Milchstraße aus rund 100 Milliarden Sonnen besteht, dazu noch die jeweiligen Planeten. Keiner aber kann sagen, wie viele Milchstraßen es noch gibt! Angesichts der unendlichen Größe und Weite des Alls versagt alle menschliche Zählkunst. Gott hat schon hier in der sichtbaren Welt so viel Raum zur Verfügung, daß er jedem Menschen, der jemals auf der Erde gelebt hat, mehr als ein ganzes Sonnensystem schenken könnte. Wie gut ist es doch, daß Abraham seinem Gott glaubte!

Links:
Mit einem Durchmesser von 100 m steht in Effelsberg (BRD) das größte bewegliche Radioteleskop der Welt.

Rechts:
Unsere Milchstraße, die aus rund 100 Milliarden (=100'000'000'000) Sonnen besteht, wie sie ein Radioteleskop „sieht".

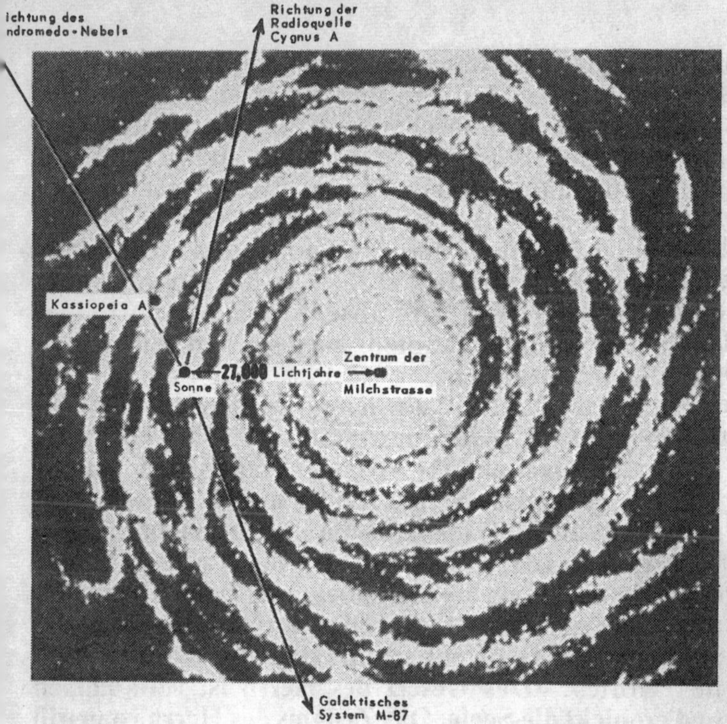

Nicht Zufall, sondern Schöpfung!

Dieser große Gott wirkt auch im Allerkleinsten: Bis zu hunderttausendfach vergrößernde Elektronenmikroskope ermöglichen es, in das Wunderwerk einer menschlichen Zelle hineinzuschauen. Dabei können wir das Staunen lernen. Auf wenigen zehntausendstel Millimetern konzentrieren sich ganze chemische Fabriken und Kraftwerke, durch präzise arbeitende Transportsysteme verbunden. Alles befindet sich genau an seinem Platz und erfüllt die zugewiesene Aufgabe. Ein «Minicomputer», der mit tausenden Milliarden Informationen gefüttert ist, steuert dieses winzige Wunder, von dem man heute erst Bruchteile versteht. – In jedem Zellkern sind die gesamten Erbinformationen eines Menschen gespeichert. Jemand hat ausgerechnet, daß man damit eine Bibliothek mit rund 500 Bänden füllen könnte. Und unser Körper hat schätzungsweise 60 Billionen (!) solcher Zellen. Die Kompliziertheit und Präzision ist nahezu unvorstellbar. Man muß Jahre studieren, um nur ein wenig davon zu begreifen. Wie absurd, wenn dann immer noch Menschen behaupten, alles sei von selbst, rein zufällig entstanden.

Diese gewaltigen Wahrheiten werden uns auch in Jesaja 45,11–12 geschildert: **«So spricht der Herr, der Heilige in Israel und ihr Meister: Fraget Mich um das Zukünftige; weiset Meine Kinder und das Werk Meiner Hände zu Mir! Ich habe die Erde gemacht und den Menschen darauf geschaffen. Ich bin's, dessen Hände den Himmel ausgebreitet haben, und habe allem Seinem Heer geboten.»** Gott redet durch Sein Wort, die Bibel, zu uns. Er offenbart uns auch die Wahrheit Seines Wortes: **«Das Gesetz des Herrn ist vollkommen und erquickt die Seele. Das Zeugnis des Herrn ist gewiß und macht die Unverständigen weise. Die Befehle des Herrn sind richtig und erfreuen das Herz. Die Gebote des Herrn sind lauter und erleuchten die Augen. Die Furcht des Herrn ist rein und bleibt ewiglich. Die Rechte des Herrn sind wahrhaftig, allesamt gerecht. Sie sind köstlicher denn Gold und viel feines Gold; sie sind süßer denn Honig und Honigseim»** (Ps. 19,8–11). Im gleichen Psalm wird auch über Gottes Absichten, Seine Gerichte und Segnungen durch Sonne, Mond und Sterne gesprochen: **«Die Himmel erzählen die Ehre Gottes, und die Feste verkündigt Seiner Hände Werk. Ein Tag sagt's dem andern, und eine Nacht tut's kund der andern. Es ist keine Sprache noch Rede, da man nicht ihre Stimme höre. Ihre Schnur geht aus in**

alle Lande und ihre Rede an der Welt Ende. Er hat der Sonne eine Hütte an ihnen gemacht, und dieselbe geht heraus wie ein Bräutigam aus seiner Kammer und freut sich, wie ein Held zu laufen den Weg. Sie geht auf an einem Ende des Himmels und läuft um bis wieder an sein Ende, und bleibt nichts vor ihrer Hitze verborgen» (V. 1–7).

Die Geburt des wahren Welterlösers

Das ganze Universum steht in engem Zusammenhang mit dem Worte Gottes, denn es ist ja auch aus demselben entstanden (Hebr. 11,3). So kündigte Gott zum Beispiel die Geburt des Herrn Jesus Christus durch einen besonderen Stern an, an dem die Wissenschaftler, die vom Geburtsort weit entfernt lebten, erkennen konnten, daß der große König geboren sein mußte. Wie war es überhaupt für diese «Weisen aus dem Morgenland» möglich zu erkennen, daß dieser außergewöhnliche Stern die Geburt des Messias ankündigte – sie waren ja «blinde Heiden», die sich mit Astrologie befaßten? Bevor wir darauf näher eingehen, tut es not, zwischen der Astrologie und der Astronomie einen klaren Trennstrich zu ziehen:

– Astrologie = Sterndeutung (Versuch, Wesen und Schicksal der Menschen aus den Gestirnstellungen zu deuten usw.). Die Astrologie muß von der Bibel her strikt abgelehnt werden.

– Astronomie = Stern- und Himmelskunde (Gesamtgebiet der exakten Wissenschaft über die Himmelskörper).

Zur Sterndeutung der «Weisen aus dem Morgenland» hat B. Philberth in seinem bekannten Buch über «Christliche Prophetie und Nuklearenergie» auf Seite 41/42 folgendes gesagt:

«Die Geburt Christi, das mächtige Geschehen einer ‹Zeitenwende› (ein Wort, mit dem die Ungläubigen die Ehre Gottes zu verkündigen pflegen), war – sehr wahrscheinlich – verknüpft mit dem sich nur in Jahrhunderten ergebenden astronomischen Ereignis einer ‹großen Konjunktion› von Jupiter und Saturn. Für die damalige (babylonische) Astrologie hatte diese eine ganz besondere Bedeutung: Die dreimalige Begegnung von Jupiter und Saturn innerhalb derselben visuellen Jupiter- und Saturnschleife bedeutete eine Vereinigung (‹ein› Stern) der höchsten Macht (Jupiter) mit dem Zeichen Israels und zugleich dem Zeichen des Westens (Saturn); überdies im Sternbild der ‹Fische›, die Regent Palästinas waren. Diese überaus eindringliche Konstellation mag den König von Babylon veranlaßt haben, seine Hofastrologen mit den Zeichen des Wunsches der Huldigung (Weihrauch), des Reichtums (Gold) und der Gesundheit (Myrrhe) nach Jerusalem zu entsenden. Diese Konstellation macht auch verständlich, warum ‹Herodes erschrak und mit ihm ganz Jerusalem› (Matth. 2,3).

Erstaunlicherweise zeigte dieser Stern zur astrologisch maßgeblichen Stunde von Jerusalem aus – dem Herrschersitz – genau in Richtung Bethlehem, dem kleinen Geburtsort Christi; in Übereinstimmung mit der Ankündigung Bethlehems als Geburtsort des Messias durch den Propheten Micha (Micha 5,1).

Es wäre jedoch ganz verfehlt (das möchte ich betonen!, Verf.), daraus etwa eine Bedeutung der Astrologie überhaupt schließen zu wollen. Ganz unabhängig, ob objektiv zu Recht oder zu Unrecht, genoß damals die Astrologie großes Ansehen und war somit subjektiv eine maßgebliche Macht. In dieser erstaunlichen Verknüpfung dieser astronomischen Konstellation mit der Wende der Menschheitsgeschichte hat Gott auf die Außergewöhnlichkeit der Geburt von Jesus Christus hingewiesen; eben mit Hilfe derjenigen ‹Wissenschaften›, die die Menschen damals (in der Zeit vor der Offenbarung der wirklichen Wahrheit) als maßgeblich erachteten. Gerade für den exakten Naturwissenschaftler und Astronomen, für den die Astrologie Humbug ist, wird darin das Wirken des lebendigen Gottes erkennbar, der sich herabläßt, die Menschen inmitten ihrer Irrungen anzusprechen und heimzusuchen.»

Gott kann mit einem «krummen Stock» (in diesem Fall mit den babylonischen Sterndeutern) einen geraden Schlag ausführen. Er hat sich zu allen Zeiten solchen, die die Wahrheit suchten, kundgetan. Jesus sagt: **«Wer aus der Wahrheit ist, der höret Meine**

Stimme» (Joh. 18,37b). Und so verstehen wir, was diese «Magier» bzw. diese «Weisen aus dem Morgenland» veranlaßte, dem «neuen», nie gesehenen Stern nachzureisen. Wilhelm Wöhrle schreibt dazu in «Wann ist Jesus von Nazareth geboren und gestorben?»:

«Im Geburtsjahr Christi ereignete sich die seltene dreimalige Konjunktion von Jupiter und Saturn im Sternzeichen der Fische. Da Saturn den Juden der ‹Sabbatstern› ist und Jupiter der ‹Stern des Königs und der Gerechtigkeit› war, bestand für die Weisen aus dem Morgenland kein Zweifel, daß dieses seit ungefähr neunhundert Jahren nicht mehr gesehene und mit Spannung erwartete Sternbild das Geborenwerden eines großen Königs der Juden bedeutete. Dazu kam damals die allgemeine Sehnsucht unter allen Völkern nach einem Friedensfürsten, einem Welterlöser, der mit Gerechtigkeit regieren würde. Diese Erwartung wurde noch verstärkt durch die in der babylonischen Sternkundigenzunft von dem Propheten Daniel überlieferte jüdische Messiaserwartung.

Es war am 29. Mai des Jahres 7 vor unserer Zeitrechnung, als diese beiden Sterne, Jupiter und Saturn, die seit der Morgendämmerung des 12. April auf dem Wege zueinander waren, wie ein nie vorher gesehener großer heller Stern am klaren morgenländischen

Bethlehem, der Geburtsort Jesu Christi

Himmel aufleuchteten. Da bemächtigte sich der Sternkundigen begreiflicherweise eine große Erregung. Einige von ihnen mochten auf die Weissagungen jenes merkwürdigen, heidnischen Magiers Bileam aufmerksam geworden sein, wonach aus Jakob ein Stern aufgehen werde (4. Mose 24,17). Sollte jetzt die Zeit erfüllt sein? Und als dann am 3. Oktober dieselbe Konjunktion sich wiederholte . . ., da bestand für sie kein Zweifel mehr: Dieses Sternbild meldete eine neue Zeit an! Das konnte nur den Mosestern bedeuten, von dem die jüdische Sage ging, daß unter diesem Sternbild Mose, der große Befreier Israels aus der ägyptischen Versklavung, geboren sei und daß unter dem gleichen Sternbild einst der Messias geboren werde, den Mose selbst angekündigt hatte mit den Worten: ‹Einen Propheten wie mich wird der Herr, dein Gott, dir erwecken aus dir und aus deinen Brüdern; dem sollt ihr gehorchen› (5. Mose 18,15).

Jetzt also, am 3. Oktober des Jahres 7 v. Chr., erstrahlte die Konjunktion zum zweitenmal in heller Pracht am morgenländischen Himmel und wurde für einige der Sternkundigen das Zeichen zum Aufbruch nach Palästina. Sie wollten Zeugen des Anbruchs einer neuen Zeit sein. Es müssen wagemutige und wahrheitshungrige Männer gewesen sein und dazu recht vermögend, um die Ausrüstung und Durchführung der weiten Reise bestreiten und dem jungen König Huldigungsgeschenke darbringen zu können. Gut sechs Wochen waren sie unterwegs. Jerusalem war ihr Ziel. Dort im Königspalast mußte ja wohl der durch den Königsstern Jupiter angekündigte Heilbringer der Menschheit geboren sein.»

Die darauf folgenden und wesentlichen Ereignisse werden uns in den Evangelien berichtet.

Da nun schon die Geburt Jesu Christi durch diese einzigartige Sternkonstellation angekündigt wurde, ist es nicht verwunderlich, daß, als der Sohn Gottes, der größte Sohn Israels, am Kreuz von Golgatha der Welt Sünde hinwegtrug, auch das ganze Universum in Mitleidenschaft gezogen wurde. Was geschah denn, als Jesus am Kreuze hing? Das wird in Lukas 23,44–46 geschildert: **«Und es war um die sechste Stunde, und es ward eine Finsternis über das ganze Land bis an die neunte Stunde. Und die Sonne verlor ihren Schein** (denn Jesus, die Sonne der Gerechtigkeit, verlor Sein Leben für uns), **und der Vorhang des Tempels zerriß mitten entzwei. Und Jesus rief laut und sprach: Vater, Ich befehle Meinen Geist in Deine Hände! Und als Er das gesagt, verschied Er»** (vgl. auch Matth. 27, 45–46).

Auch an diesem Beispiel können wir ersehen, daß die Geschehnisse auf Erden mit denjenigen am Himmel gleichsam synchron verlaufen.

Besondere Zeichen am Firmament läuten die Wiederkunft Jesu ein

Nach allem, was wir bis jetzt dargelegt haben, sollte niemand erstaunt sein, daß der Herr Jesus die Zeit unmittelbar vor Seiner Wiederkunft so beschrieben hat: **«Und es werden Zeichen geschehen an Sonne und Mond und Sternen; und auf Erden wird den Leuten bange sein, und sie werden zagen; und das Meer und die Wasserwogen werden brausen; und die Menschen werden verschmachten vor Furcht und vor Warten der Dinge, die kommen sollen auf Erden; denn auch der Himmel Kräfte werden sich bewegen. Und alsdann werden sie sehen des Menschen Sohn kommen in der Wolke mit großer Kraft und Herrlichkeit. Wenn aber dieses anfängt zu geschehen, so sehet auf und erhebet eure Häupter, darum daß sich eure Erlösung naht»** (Luk. 21,25–28). Diese besonderen Zeichen am Firmament aber haben auch ihren Niederschlag auf Erden, stehen sie doch mit der Wiedervereinigung Jerusalems mit Israel bzw. der Rückeroberung dieser Stadt im Jahre 1967 durch Israel in unverkennbarem Einklang. Denn gleichsam als Vorwort der soeben zitierten Aussage Jesu steht in Vers 24b: **«. . . und Heiden werden Jerusalem mit Füßen treten, bis die Zeit der Heidenvölker abgelaufen ist.»**

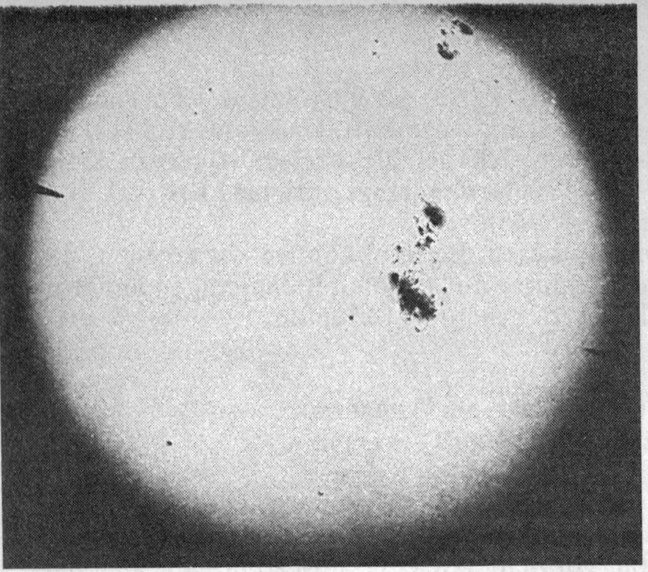

So wie die alttestamentlichen Propheten Ereignisse, die zeitlich weit auseinanderlagen, in einem sahen, so gibt es auch prophetische Perspektiven, die räumlich weit voneinander entfernte Ereignisse in einem sehen: Zeichen am Himmel, die Ereignisse auf Erden verkündigen. Diese Zusammenhänge hat Gott dem Stammvater Israels, Abraham, schon bei dessen Berufung aufgezeigt: **«Ich habe bei Mir selbst geschworen, spricht der Herr, weil du solches getan und deines einzigen Sohnes nicht verschont hast, will Ich dich gewiß segnen und deinen Samen mächtig mehren, wie die Sterne am Himmel und wie den Sand am Rande des Meeres»** (1. Mose 22,16–17a). Jahrhunderte später erinnerte Mose den Herrn an diese Verheißung: **«Gedenke an Deine Diener Abraham, Isaak und Israel, denen Du bei Dir selbst geschworen und verheißen hast: Ich will euren Samen mehren wie die Sterne am Himmel, und alles Land, das Ich verheißen habe, will Ich eurem Samen geben, und sie sollen's besitzen ewiglich»** (2. Mose 32,13).

"Und es werden Zeichen geschehen an Sonne und Mond und Sternen ..."

Links: Diese hervorragende Aufnahme der Sonnenflecken-Tätigkeit entstand im Geophysikalischen Jahr 1947. Ein mittlerer Sonnenfleck ist oft zehnmal so groß wie die Erdkugel. Mitte: Zwischen dem Sonnenwindsegel und der Landefähre steht der Astronaut Aldrin (Mondlandung Juli 1969). Rechts: Die Sonde Mariner 9, im Hintergrund Mars mit seiner Südpolkappe.

Recht besehen ist es also von der göttlichen Warte her keine Außergewöhnlichkeit, daß sich in dieser Endzeit, mit der beschleunigten Erfüllung biblischer Prophetie auf Erden, gleichzeitig auch die Zeichen am Himmel mehren. Denn diese Synchronisation ergibt sich zwangsläufig. Doch nicht nur der Wiederkunft Christi gehen bestimmte Zeichen voraus:

Auch der «Mensch der Gesetzlosigkeit» (= Antichrist) hat seine Herolde

Da erhebt sich natürlich die Frage: Weilt der Antichrist schon unter uns? Wir müssen das durchaus annehmen. Denn je mehr wir uns dem Wiederkommen Jesu nähern, desto mehr muß der Teufel seine wahren Absichten kundtun. Schon bei Jesu erstem Kommen mußten sich die dämonischen Mächte auf Erden entlarven und schrien Ihm entgegen: **«Was haben wir mit Dir zu schaffen, Jesus, du Sohn Gottes? Bist Du hierher gekommen, uns vor der Zeit zu peinigen?»** (Matth. 8,29.) Dafür hat Satan auch in unseren Tagen seine Sprachrohre, wie zum Beispiel Jeane Dixon. Am 22. November 1963 sagte sie ihren Freunden in Washington: «Ich bin so unruhig. Heute wird unserem Präsidenten irgend etwas Schreckliches zustoßen.» Und kurz darauf ging die Nachricht durch die Welt, daß ein Attentat auf Präsident Kennedy verübt wurde.* Dieselbe Frau hat aber auch bekanntgegeben, daß anfangs Februar 1962 im Nahen Osten ein Kind bäuerlicher Herkunft geboren worden sei, das die Welt von Grund auf umgestalten werde. Aber diese Aussage kann sowohl eine satanische Irreführung als auch eine Zwangsentlarvung des Feindes im Blick auf das

---

* Jeane Dixon behauptet, nur 10% ihrer Voraussagen seien falsch. «Ehrliche» Wahrsager erklären jedoch, es gäbe nur 50% Treffer. Vergleichen wir aber die Trefferquoten dieser Hellseher mit den schon erfüllten Prophetien der Bibel, so ergibt sich ein Bild wie Tag und Nacht:
Allein 845 prophetische Aussagen von mehr als einem Dutzend verschiedener Propheten betreffen die Geburt, das Leben und das Sterben des Sohnes Gottes, Jesus Christus. Alle Vorhersagen wurden buchstäblich erfüllt, obwohl manche über 1000 Jahre vor Jesu Geburt gemacht wurden (!)
Der Prophet Daniel machte zum Beispiel acht Aussagen über das Leben Jesu. Mit Hilfe der Mathematik kann man nun ausrechnen, wie hoch die Wahrscheinlichkeit ist, daß alle diese Aussagen zufällig eintreffen. Das Ergebnis: 1 zu 10^{17}. Anders ausgedrückt: Neben der einen Möglichkeit, daß alle acht Aussagen buchstäblich und vollständig erfüllt werden, gibt es 100 Billiarden Möglichkeiten der Nichterfüllung. Der Zufall ist damit ausgeschlossen. Nur Gott ist in der Lage, diese eine Möglichkeit eintreffen zu lassen und damit die Richtigkeit der Prophetie zu beweisen.

nahende Kommen Jesu sein. Jedenfalls bedeutet der Tag der Geburt des Antichristen für diese Welt die größte Katastrophe. Hiob hat sicherlich unbewußt von diesem fluchwürdigen Tag geweissagt, als er von seiner eigenen Geburt sprach: «**Verloren gehe der Tag, da ich geboren bin, die Nacht, da es hieß: Ein Knabe ist gezeugt! Verfinstert werde dieser Tag; Gott in der Höhe frage nicht nach ihm, und niemals falle ein Lichtstrahl darauf! Finsternis und Todesschatten nehme ihn ein, Gewölk umhülle ihn und überfalle diesen trüben Tag! Und jene Nacht – das Dunkel raffe sie weg, sie freue sich in des Jahres Tagen nie und komme nicht in die Zahl der Monde. Ja, jene Nacht sei unfruchtbar, kein Jubel ertöne in ihr! Die, so den Tagen Böses losen und imstande sind, den Drachen aufzuwecken, sollen sie verfluchen. Verfinstert müssen ihrer Dämmerung Sterne sein, sie warte auf Licht und es bleibe aus; sie schaue auch die Wimpern der Morgenröte nicht! Weil sie den Mutterleib mir nicht verschloß und den Jammer nicht vor meinen Augen verbarg**» (Hiob 3,3–10).

Wenn sich die Geburt des Antichristen anfangs Februar 1962 auch nicht beweisen läßt – sicher sind bereits heute folgende Fakten:

- Der Antichrist ist unterwegs.
- Wir bewegen uns auf das Ende des 6. Jahrtausends zu.
- Das Reich des Antichristen, nämlich das Römische Weltimperium, nimmt immer mehr Gestalt an. Damit kommen wir auf eine weitere prophetische Gerichtsperspektive von ungeheurem Ausmaß:

Die Grenzen des Römischen Weltreiches

Diese müssen zunächst in ihrem Rahmen, den sie vor zwei Jahrtausenden hatten, wiederhergestellt werden. Warum das? Weil das erste und zweite Kommen Jesu heilsgeschichtlich, also von der Bibel aus gesehen, ein und dasselbe ist: **«Ein Tag vor dem Herrn ist wie tausend Jahre, und tausend Jahre wie ein Tag»** (2. Petr. 3,8). Und heute können wir die Beschleunigung in der Wiederherstellung des Römischen Reiches bereits klar sehen:

Die skandinavischen Länder sind dabei, aus der NATO auszuscheren. Allen voran Norwegen, das nie zum alten Römischen Reich gehörte. Schon jetzt können wir Presseberichte lesen, die nicht nur flüchtige Tagesnachrichten, sondern Erfüllung biblischer Prophetie enthalten, wie zum Beispiel in der Zeitschrift «Europa»:

«Stanislaw Schtschebotow, erster Sekretär der Sowjetbotschaft in **Norwegen**, wird von Moskau aus zu lebhaften Hintergrund- bzw. Untergrundaktivitäten eingesetzt. Er ist ständig bemüht, norwegische Parlamentsabgeordnete und Politiker gegen den Kurs der norwegischen Regierung und zur Unterstützung der sowjetischen Außenpolitik zu gewinnen. Der fünfundvierzigjährige Schtschebotow ist kein unbeschriebenes Blatt. Er ist jener ‹Diplomat›, der vor einigen Jahren in Dänemark als Offizier des Moskauer Geheimdienstes KGB entlarvt worden war und das Land schleunigst verlassen mußte.

In politischen Kreisen **Dänemarks** ist Besorgnis darüber entstanden, daß Oleg Espersen bei der letzten Regierungsumbildung zum neuen Justizminister ernannt worden ist. Unterlagen der Abwehr belasten Espersen wegen seiner langjährigen engen Verbindung zu osteuropäischen und sowjetischen Diplomaten. Er wurde deshalb bisher von vielen Dänen als ein ‹Sicherheitsrisiko› betrachtet. Tatsache ist, daß Espersen eines jener Mitglieder der dänischen Regierung ist, die durch ihre ‹neutralistischen› Ansichten bekanntgeworden sind und die sich als Gegner der NATO zu erkennen geben.

Dänemark ist in den letzten Wochen zunehmend Ziel der so-

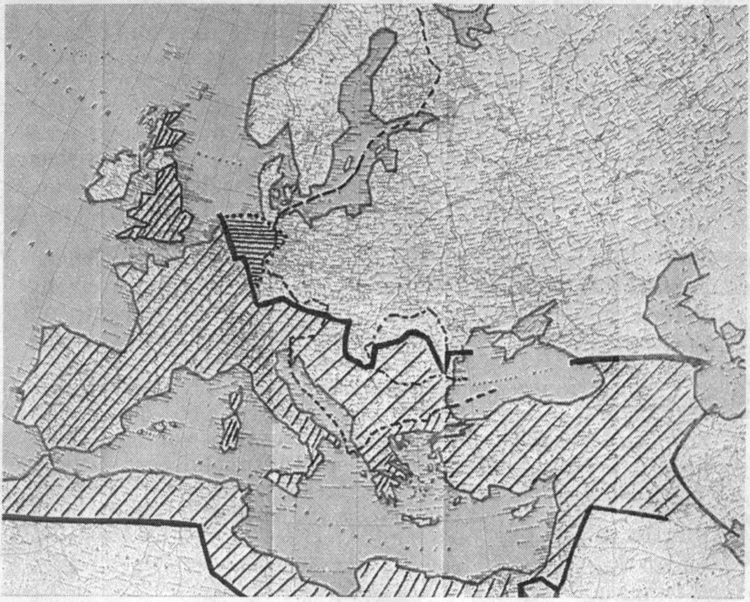

Grenze des Römischen Reiches

jetzige Grenze zwischen Ost und West

asiatisches Gebiet bis zum Rhein

weitestes Vordringen der Römer

Die heutige provisorische Grenze zwischen Ost und West (––––) entspricht in Deutschland fast genau der provisorischen Grenze des Römischen Reiches unter Augustus (. . . . . . .).

wjetischen Anti-NATO-Propaganda, wobei die Hauptzielgruppe die Jugend ist. Auf Einladung des dänischen ‹Kooperationskomitees für Frieden und Sicherheit› – eine dem ‹Weltfriedensrat› zur Herbeiführung ‹gerechter Kriege› angeschlossenen Vereinigung – hielt der sowjetische ‹Friedensexperte› Wlatscheslaw Daschitschew in mehreren Mittelschulen Kopenhagens in der zweiten Septemberhälfte 1981 Vorträge über ‹Gegenwartsprobleme›, wie z. B. Errichtung atomwaffenfreier Zonen, Rüstung und europäische Zusammenarbeit, Neutronenbombe usw. Daschitschew sprach auch in Virum, Broderslaw, Varde, Haderslew, Horsensund, Gerdred. Es war dies bereits das zweite Mal in einem Jahr, daß ein sowjetischer ‹Friedensexperte› à la Afghanistan in dänischen Schulen Propaganda betreiben darf. Ende Januar hielt das Mitglied des sowjetischen Institutes für Weltwirtschaft und internationale Beziehungen, Wladimir Baranowski, vor dänischen Schülern Vorträge. Einlader war ebenfalls das ‹Kooperativkomitee›. Es steht außerhalb jeder Diskussion, daß das Ziel dieser ‹Vorträge› die Schwächung des Wehrwillens der dänischen Jugend und die Stärkung des Kampfes gegen die NATO ist. Charakteristisch für das Kooperationskomitee und dessen Propaganda ist die Äußerung von Frau Meta Ditzel, der stellvertretenden Vorsitzenden dieser Moskau-Organisation, daß die sowjetischen SS-20-Mittelstreckenraketen keine nuklearen Waffen hätten, sondern ‹eine Erfindung der Imperialisten› seien, ‹um ihre kriegstreiberische Politik den Massen leichter auftischen zu können›.

Der **schwedische** Außenminister Ullsten verlas vor dem schwedischen Reichstag im Rahmen einer außenpolitischen Debatte eine Erklärung, in der er völlig einseitig an der amerikanischen Politik, vor allem in punkto El Salvador, Kritik übte. Für die allgemeine Einschätzung der Politik Moskaus und für den sowjetischen Überfall auf Afghanistan war dagegen wenig Negatives zu vernehmen.»

Über das moskaufreundliche **Finnland** brauchen wir kein Wort zu verlieren. Alle diese Länder gehörten nicht zum altrömischen Machtbereich. Sie werden sich deshalb in den asiatischen Teil einverleiben lassen.
So geben heute schon viele Nationen ihre «Visitenkarte» ab, denken wir nur auch an die Bundesrepublik **Deutschland**: Der ganze Norden Deutschlands wird bis zum Rhein von den Russen überrannt werden und unter das asiatische Einflußgebiet kommen. Deswegen haben wir heute in der Bundesrepublik eine so sehr gegensätzliche Politik. Einerseits sind da Parteien, die sich mehr oder weniger an die Sowjetunion anlehnen; anderseits aber gibt es solche, die sich dem Westen bzw. dem römischen Machtbereich (sprich: Vereinigtes Europa) zuwenden.

Das asiatische Einflußgebiet und sein hoher Blutzoll

Gleichzeitig wird der asiatische Machtbereich blutig zementiert. Ich erinnere nur an die **DDR** in den fünfziger Jahren, an jenen 17. Juni. Oder an **Ungarn** im Jahre 1956, als der Aufstand blutig niedergeschlagen wurde! Darüber schreibt die Zeitschrift der J. C. G.:

«Die Ereignisse in diesem Lande können nicht verstanden oder im rechten Licht gesehen werden, wenn man die Behandlung der Juden in Ungarn während der letzten dreißig Jahre nicht kennt.

Die Dezimierung der jüdischen Bevölkerung war nicht nur die Folge der deutschen Besetzung des Landes im Jahre 1944, sondern auch der Behandlung der Juden durch die Ungarn selbst. Im besonderen wurden in den von Ungarn annektierten Gebieten anti-jüdische Gesetze und Maßnahmen in Kraft gesetzt, die in ihrer Brutalität und Härte nur denen in Deutschland gleichkamen. Die Errichtung von Ghettos, Konzentrationslagern und die Deportationen durch die Deutschen schlossen das Werk ab, das die Ungarn selbst begonnen hatten.»

Oder denken wir an den Einfall der Sowjets in die

In Warschau wurden jüdische Grabsteine mit Hakenkreuzen beschmiert. Das ist nicht verwunderlich, denn die polnische Regierung sorgte ständig dafür, daß der Judenhaß unter das Volk kam. Doch Antisemitismus wirkt – wie die Geschichte beweist – immer wie ein Bumerang ...

... der auf den Werfenden zurückfällt: Ab 13. Dezember 1981 herrscht grausames Kriegsrecht in Polen, das bis jetzt nur mehr pro forma aufgehoben wurde ...

Tschechoslowakei in 1968 und an das jüngste blutige Drama Ende 1981 in **Polen**!

Diese Tragödien sind nichts anderes als göttliche Schicksalsgesetze bzw. Strafgerichte, die sich heute an diesen Ländern vollstrecken. Auch an und in Polen geht heute das alte, aber noch ewig junge Bibelwort von 5. Mose 32,8 in Erfüllung: **«Da der Allerhöchste die Völker zerteilte und zerstreute der Menschen Kinder, da setzte Er die Grenzen der Völker nach der Zahl der Kinder Israel.»** Denn das Drama in Polen kommt nicht von ungefähr:

Die Geschichte des jüdischen Volkes in Polen ist wohl die furchtbarste überhaupt. Denn Polen war immer antisemitisch gesinnt, Pogrome sind dort seit Jahrhunderten gang und gäbe. Besonders grausam aber kam dies während der Nazizeit zum Ausdruck. Ich zitiere im folgenden einige diesbezügliche Auszüge aus der «Jüdischen Enzyklopädie»:

«Die polnische Bevölkerung war vehement antideutsch, aber die Mehrheit von ihnen war auch gewalttätig antisemitisch. Viele Polen waren der Überzeugung, daß die jüdischen Opfer nicht besser wären als ihre Mörder und daß sie ihr Los verdienten. Entronnene Juden aus den Ghettos und jüdische Partisanen wurden von Polen ermordet. An vielen Orten halfen die Polen nicht nur den Nazis Juden aufzuspüren, sondern halfen tatkräftig mit, sie zu ermorden. Besonders die polnische Polizei spielte eine verhängnisvolle Rolle mit einzelnen Ausnahmen. Von allen mit Nazis besetzten Ländern sind in Polen am meisten Juden hingemetzelt worden.

Bei der deutschen Invasion im September 1939 gab es in Polen 3 351 000 Juden. Am Ende der Nazizeit waren über 3 Millionen davon umgebracht. Sogar 1945, also nach dem Krieg, wurden in Krakau noch etwa 400 überlebende Juden hingemordet.»

... und die Versorgungslage ist äußerst prekär.

Dies sind nur ein paar Steine aus dem Mosaik von Polens furchtbarer Schuld am jüdischen Volk. Heute erfüllt sich dort die erschütternde Wahrheit der Worte Gottes: **«Ich will segnen, die dich segnen, und verfluchen, die dich verfluchen»** (1. Mose 12,3a und 27,29). Dennoch lodert der Antisemitismus wieder neu auf. So heißt es in einem Bericht:

«Zu einer großangelegten, schmutzigen antisemitischen Kampagne seitens des Militärregimes in Warschau haben sich österreichischen Pressestimmen zufolge die antijüdischen Anspielungen und Ausfälligkeiten in den polnischen Medien ausgeweitet. Die Machthaber schüren den Antisemitismus, um ihn als Instrument gegen ihre Opponenten zu verwenden. Frühere Büros der nun verbotenen Gewerkschaft ‹Solidarität› sind mit David-Sternen beschmiert worden, und in Warschau gingen von der Militärregierung gedruckte Flugblätter um, auf denen das Wort ‹Solidarnosc› mit einem David-Stern ‹verziert› war. Das gleichgeschaltete Radio Warschau führte die polnische Krise auf die Aktivitäten der ‹chauvinistischen jüdischen Internationale› zurück. Auch ‹Trybuna Ludu›, das offizielle Organ der Kommunistischen Partei, startete ein Kesseltreiben gegen ‹Zionisten›, die als Sündenböcke herhalten müssen. Das Blatt richtete schwere Sudelangriffe gegen jüdische ‹Solidarität›-Aktivisten und Bürgerrechtskämpfer wie den Historiker Prof. Bronislav Geremek, einen der engsten Berater Lech Walesas, sowie Adam Michnik und Jaczek Kuron. Ihnen wurde vorgeworfen, nach dem Sechstagekrieg ‹zionistische Demonstrationen› organisiert zu haben.»

Wer noch mehr über die Haltung des polnischen Volkes gegenüber den Juden wissen möchte, dem empfehle ich das Buch von Dan Kurzmann «The bravest Battle» zu lesen, das über die Geschichte des Aufstandes im Warschauer Ghetto berichtet.

Hiermit in Zusammenhang können wir heute schon den Weg der Sowjetunion gegen Westen und den Nahen Osten sehen, den die Russen mit ihren Satelliten widerwillig gehen müssen. Das blutig unterdrückte Aufbegehren der Vasallen Moskaus – wie jetzt Polen – wird sich nach Hesekiel 38,21b auf den Bergen

Israels voll durchsetzen, wo dann «eines jeglichen Schwert wider den anderen sein wird».

Obwohl uns die Zeichen am Himmel und auf Erden sagen, daß das Ende nahe ist, wissen wir nicht, wann genau das entscheidende Gerichtsjahr sein wird und ob die jetzigen bedrohlichen weltpolitischen Entwicklungen zum Dritten Weltkrieg führen werden. Aber wir wissen auf Grund der Schrift, daß die Entrückung (plötzliche Hinwegnahme) aller Gläubigen zu Jesus Christus nahe ist, zumal diese Ereignisse in derselben Zeitspanne stattfinden, in der Israel wiederhergestellt wird. Das aber ist seit der Staatsgründung Israels im Jahre 1948 im vollen Gange! Damit richten wir unser Augenmerk auf:

Gottes Bundesvolk Israel

Die Juden werden in unserer Zeit auf wunderbare Weise in das Land ihrer Väter zurückgeführt bzw. von Gottes wegen zurückgebracht. Die Nationen aber werden für all das Böse, das sie den Juden und Israel angetan haben, gerichtet werden. Immer wieder läßt sich Israel jedoch von andern Ländern betrügen, insbesondere von Ägypten, das es als friedfertig und harmlos betrachtet. In israelischen Zeitungen erschien folgende Notiz:

> «Die Ägypter verbringen die meiste Zeit ihres Tages mit Schlafen oder mit Fernsehen. Nur etwa 4% der Bevölkerung arbeitet. Die Angaben stammen aus einem Bericht eines Kairoer Management-Seminars. Dr. Abdel Meguid el Abd teilte den Seminarbesuchern mit, daß die Ägypter 44% ihrer Zeit mit Schlafen verbringen, 36% der Zeit wird fürs Fernsehen aufgewandt, 16% dem Reisen und nur etwa 4% sind dem Arbeiten gewidmet.»

Für Israel kam nach der im April 1982 vollzogenen Restrückgabe des Sinai an Ägypten allerdings die

große Ernüchterung, vor der es jedoch von Gottes wegen lange zuvor gewarnt wurde: **«Siehe, verlässest du dich auf diesen zerstoßenen Rohrstab, auf Ägypten? welcher, so sich jemand darauf lehnt, wird er ihm in die Hand gehen und sie durchbohren. Also ist Pharao, der König in Ägypten, allen, die sich auf ihn verlassen»** (2. Kön. 18,21).

Die Gefahr für das kleine Israel wächst in diesen Tagen enorm, aber **«der Hüter Israels schläft noch schlummert nicht»** (Ps. 121,4). Das haben alle Völker, die in der Vergangenheit gegen Israel anrannten, zu spüren bekommen. Und das ist auch heute so: Anläßlich des Libanon-Krieges im Juni 1982 bekam Syrien von der israelischen Armee einen derart gewaltigen Schlag, den man sich vernunftgemäß gar nicht erklären kann. Und überhaupt: Der stete Versuch, ein arabisch-sowjetisches Bündnis gegen Israel zu schließen, wird – mit durch innere Zerrissenheit – von Gottes wegen zerschlagen (vgl. Jes. 19,2–3). Dennoch nimmt die Bedrohung für Israel zu. Aber – der Messias kommt bald und wird Sein Volk aus allen Nöten befreien!

Lassen wir nun das prophetische Wort wie ein Scheinwerferlicht auf uns persönlich fallen! Wir sehen die Zeichen der Zeit und erkennen, wie brennend aktuell Gottes Wort ist. Wenn Petrus schreibt: **«Es ist aber nahegekommen das Ende aller Dinge»** (1. Petr. 4,7), so umfaßt dies alles: die Welt, die Zeit und die Menschen. Die Letzteren sind heute das eindringlichste Zeichen des herannahenden Endes – denken wir nur an den Terrorismus, der weltweit um sich greift und nicht mehr in Schranken zu halten ist. Paulus

In Israel beten viele, wie dieser junge Sergeant, für das baldige Kommen des Messias.

teilte Timotheus vor 1900 Jahren diesbezüglich folgendes mit: **«Das aber sollst du wissen, daß in den letzten Tagen schwere Zeiten eintreten werden. Denn die Menschen werden selbstsüchtig sein, geldgierig, prahlerisch, hochmütig, Lästerer, den Eltern ungehorsam, undankbar, gottlos, lieblos, unversöhnlich, verleumderisch, unenthaltsam, zuchtlos, dem Guten feind, treulos, leichtsinnig, aufgeblasen, das Vergnügen mehr liebend als Gott»** (2. Tim. 3,1–4). Sieht es heute nicht genauso auf dieser Welt aus?

Doch gerade in dieser ernsten Zeit, wo alles um uns herum zusammenzubrechen droht, werden wir mit Gottes heiligem Willen konfrontiert. Er verheißt: **«. . . siehe, Ich will ein Neues machen; jetzt soll es aufwachsen, und ihr werdet's erfahren, daß Ich Weg in der Wüste mache und Wasserströme in der Einöde.»** Wenn es in deinem Herzen wüst und öde ist, dann will Gott jetzt auch in dir ein Neues schaffen, und zwar in dieser letzten Stunde!

Lieber Leser, nicht wahr, du hast innerlich gespürt, daß das, was du bis dahin gelesen hast, die Wahrheit ist, zumal es die Bibel so sagt. Hast du die Gewißheit in deinem Herzen, aus all diesem Schrecklichen in die ewige Herrlichkeit fliehen zu können? Hast du Frieden mit Gott, weil Jesus durch den Glauben in deinem Herzen wohnt? Wenn nicht: Sehnst du dich danach? Da stellt sich dann natürlich sofort die Frage:

Wie kann es denn anders werden? Wie bekomme ich Frieden mit Gott? Wie empfange ich die Vergebung aller meiner Sünden, die ich in Gedanken, Worten und Taten begangen habe? Wie bekomme ich Heilsgewißheit? Gibt es überhaupt in dieser gefährlichen, gehetzten und treulosen Zeit jemanden:

- der immer Zeit für mich hat?
- dem ich auch meine innerste Not sagen und der mir helfen kann?

- der mich nie im Stich läßt, auch wenn ich versage?
- der stets tut, was er verspricht, und
- der meinem Leben einen Sinn geben und es mit Frieden und Freude erfüllen kann?

Auf all diese Fragen gibt dir Gott selbst die eindringliche und wunderbare Antwort. Lies deshalb aufmerksam das noch folgende Kapitel!

Frieden mit Gott

Wenn wir über dieses Thema sprechen, dann reden wir über das Höchste, Herrlichste und Erhabenste, aber gleichzeitig über etwas, das der Mensch verloren hat. Schon kurz nach dem Sündenfall brach Krieg aus, und der Friede Gottes in der Familie Adams war dahin: Kain ermordete seinen Bruder Abel. Seit dem Sündenfall ist der Friede von der Erde weggenommen.

Die ganze Menschheitsgeschichte ist mit Blut und Tränen getränkt. Obwohl immer wieder der Ruf: «Friede! Friede!» erschallte, gab es doch niemals mehr wahrhaft Frieden, weil Krieg, Unfriede, im Herzen jedes Menschen ist. Die Bibel sagt diesbezüglich: **«Woher kommt Streit und Krieg unter euch? Kommt's nicht daher: aus euren Wollüsten, die da streiten in euren Gliedern?»** (Jak. 4,1.) Daher wird auch in unseren Tagen die drohende Weltkriegsgefahr nicht dadurch abgewendet, daß man für den Frieden demonstriert. Das ist ein aussichtsloser Kampf, **«denn aus dem Herzen kommen arge Gedanken: Mord, Ehebruch, Hurerei, Dieberei, falsch Zeugnis, Lästerung»** (Matth. 15,19). **«Mord»** ist das erste, das der Herr Jesus hier nennt. Aus Mordgedanken in den Herzen der Menschen aber entstanden und entstehen immer neue Kriege; es herrscht beständig Unfrieden. Die tiefste Ursache dieses Unfriedens zwischen Menschen und Völkern aber liegt im Unfrieden des Menschen mit Gott durch die innewohnende Sünde! Deshalb ist es so unendlich wichtig, daß der Mensch zum Frieden mit Gott zurückfindet.

Frieden mit Gott ist möglich . . .

. . . denn Gott selbst bahnte durch Jesus Christus den Weg über Golgatha von Seinem Herzen zu deinem Herzen. Als Jesus geboren war, da proklamierten die Engel mit lauter Stimme: **«Ehre sei Gott in der Höhe, und Friede auf Erden, und den Menschen ein Wohlgefallen!»** (Luk. 2,14.) Gott wollte den Frieden wiederherstellen.

„... es begab sich, da sie auf dem Felde waren, erhob sich Kain wider seinen Bruder Abel und schlug in tot“ (1. Mose 4, 8b).

Wenn wir die Weltgeschichte zurückverfolgen, dann sehen wir: Es war stets ein Sehnen nach Frieden, ein Aufschrei nach Frieden mitten im Krieg, besonders in Israel. So lesen wir zum Beispiel in dem Propheten Jesaja den Ausspruch: **«Aber uns, Herr, wirst Du Frieden schaffen»** (Jes. 26,12a). Und vom Kampf in den Herzen derer, die im Alten Bunde lebten und keinen Frieden hatten, sagt Jesaja 27,5: **«Er wird mich erhalten bei meiner Kraft und wird mir Frieden schaffen; Frieden wird Er mir dennoch schaffen.»** Derselbe Jesaja aber sah mit dem Blick des Propheten ganz klar Den, der uns durch Sein stellvertretendes Leiden und Sterben am Kreuz von Golgatha Frieden bringen würde: **«Die Strafe liegt auf Ihm, auf daß wir Frieden hätten»** (Jes. 53,5b).

Frieden mit Gott bedingt also, daß die Sünden gesühnt sind. Wenn deine Sünden dir den Frieden rauben, dann blicke im Glauben auf Jesus Christus, denn Er trug die Strafe für deine Sünden, auf daß **du** Frieden hättest. Nun wissen das viele theoretisch sehr wohl und bejahen es auch, aber trotzdem haben sie keinen Frieden. Warum nicht? Die Antwort auf diese Frage gibt uns Gott der Herr in Jesaja 48,18: **«O daß du auf Meine Gebote merktest, so würde dein Friede sein wie ein Wasserstrom und deine Gerechtigkeit wie Meereswellen.»** Das heißt: Wenn der Herr von uns Glauben fordert, dann schließt das den Glaubensgehorsam mit ein. Ist nämlich der Glaube eines Menschen an Jesus Christus echt, dann ist er dem Worte Gottes, wie wir es in der Heiligen Schrift finden, auch gehorsam. Obwohl Jesus der Sohn Gottes war, lesen wir in Hebräer 5,8–9, **«hat Er doch an dem, was Er litt, den Gehorsam gelernt; und so zur Vollendung gelangt, ist Er allen, die Ihm gehorchen, der Urheber ewigen Heils geworden.»**

Hast du Jesus, dann hast du Frieden mit Gott

Paulus schrieb den Gläubiggewordenen in Rom: **«Da wir nun durch den Glauben gerechtfertigt sind, so haben wir Frieden mit Gott durch unsren Herrn Jesus Christus»** (Röm. 5,1). Es ist etwas Wunderbares, inmitten einer Welt des Unfriedens, diesen Frieden Gottes im Herzen zu haben! Wenn wir die Aussage des Paulus etwas genauer betrachten, dann fällt auf, daß er zweimal das Wort **«durch»** verwendet, und zwar:

1. in Beziehung auf den Herrn Jesus Christus selbst: **«...Frieden mit Gott durch unsren Herrn Jesus Christus.»** Es ist unmöglich, durch uns selbst Frieden mit Gott zu haben, denn Gott ist heilig, und alle Menschen **«haben gesündigt und ermangeln der Herrlichkeit Gottes»** (Röm. 3,23). Gott und Sünder schließen sich gegenseitig aus, aber durch Jesus Christus ist es möglich, Frieden mit Gott zu erlangen. Kennst du diesen wunderbaren Frieden schon? Hast du diesen Jesus? Christus ist der Friede in Person, wie es die Bibel in Epheser 2,14 bezeugt: **«Denn Er ist unser Friede ...»** Wie aber hat Er den Frieden mit Gott bewerkstelligt? Kolosser 1,20b sagt, **«daß Er Frieden machte durch das Blut an Seinem Kreuz, durch sich selbst».** Als Jesus zwischen Himmel und Erde an einem Kreuze hing, beladen mit deiner und meiner Sünde, da hat Er Frieden gemacht mit Gott **«durch das Blut an Seinem Kreuz, durch sich selbst»,** auf daß du und ich den Frieden hätten.

2. Sodann gebraucht Paulus dieses Wörtchen **«durch»** in bezug auf uns: **«Da wir nun durch den Glauben gerechtfertigt sind, so haben wir Frieden mit Gott durch unsren Herrn Jesus Christus.»** Das Wort «Glauben» ist ein abgedroschener, vielfach mißverstandener Begriff geworden. Aber wahrer Glaube hat umwälzende Folgen. Von Gottes Seite her ist durch

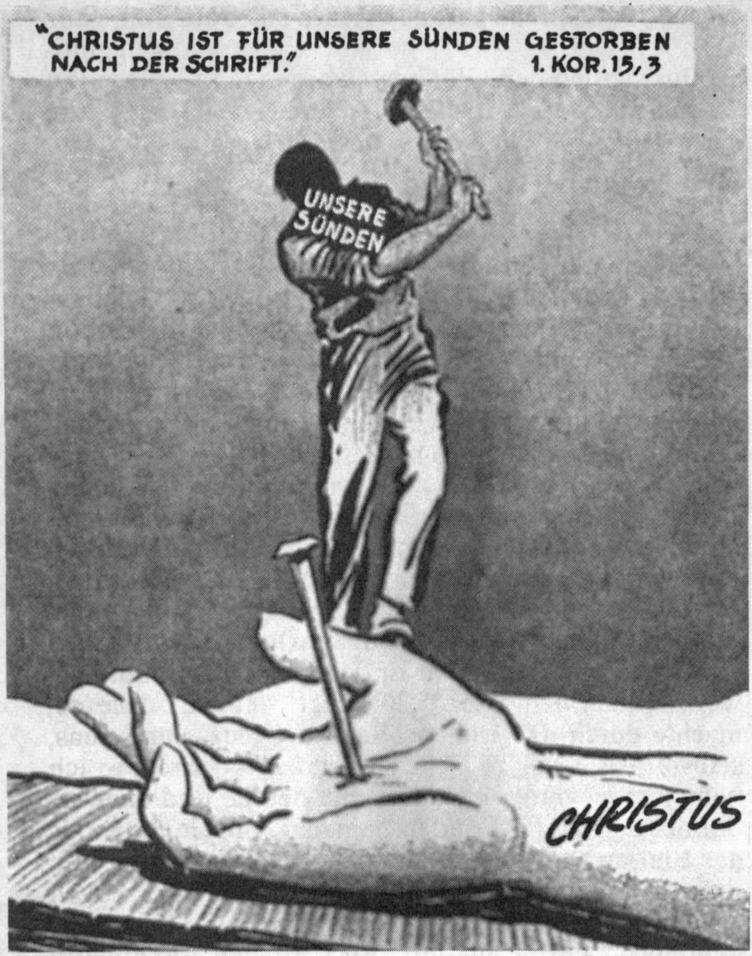
"CHRISTUS IST FÜR UNSERE SÜNDEN GESTORBEN NACH DER SCHRIFT." 1. KOR. 15, 3
UNSERE SÜNDEN
CHRISTUS

Jesus Christus *alles getan*. An dir liegt es nun, ganz persönlich an die geschehene Tatsache des ewiggültigen Sühnopfers Jesu Christi für deine Sünden zu *glauben*. Der Triumph des Glaubens besteht darin, daß du zum tatsächlichen Frieden mit Gott gelangst.

Rettender Glaube

Nicht jeder Mensch dringt zu dem wahren, friedenbringenden Glauben an Jesus Christus durch. Schon der Schreiber des Thessalonicherbriefes ließ seine Leser wissen, daß «der Glaube nicht jedermanns Ding ist» (2. Thess. 3,2b). Warum? Weil sich viele Menschen von dem großen «Durcheinanderwerfer» (griech. diabolos), dem Satan, beeinflussen bzw. bestimmen lassen. Dieser altböse Feind aber verkehrt alles ins Gegenteil, wie zum Beispiel Glaube und Gefühl. Und er ist ein Meister darin, den Glauben von der Person Jesu zu trennen. Satan hat gar nichts dagegen, wenn du rein verstandesmäßig daran glaubst, daß Jesus in die Welt gekommen und ans Kreuz gegangen und daß Er der Heiland der Welt ist. Leute, die solchen «Glauben» haben, antworten meistens, wenn man sie fragt, ob sie gerettet seien: «Ja, ich glaube schon ...» Doch in Wirklichkeit kennen sie Jesus nicht. Wenn du aber von Herzen an Jesus als deinen persönlichen Heiland glaubst – wenn du glaubst, daß die Strafe für deine Sünden wirklich am Kreuz auf Ihm gelegen hat und Ihm dafür dankst, daß Er auch für dich Sein Blut vergoß, dann hast du den wahrhaften Frieden mit Gott erlangt. **«Denn so man von Herzen glaubt, so wird man gerecht»** (Röm. 10,10a). Wer es wagt, wider seine Gefühle und Empfindungen zu glauben, der erleidet nicht Schiffbruch an seinem Glauben: **«Denn die**

Schrift spricht: Wer an Ihn glaubt, wird nicht zu Schanden werden» (V. 11).

Der größte Sieg aller Zeiten

Das Wort «Triumph» wird nur einmal im Neuen Testament verwendet, nämlich im Blick auf den Sieg Jesu Christi. Als Er **«Frieden machte durch das Blut an Seinem Kreuz»,** da hat Er auf Golgatha über alle Feindesmächte triumphiert. Dieser ewiggültige Sieg des Sohnes Gottes über Satan und seine Dämonen wird im Kolosserbrief mit den folgenden Worten beschrieben: Er **«hat ausgezogen die Fürstentümer und die Gewaltigen und sie schaugetragen öffentlich und einen Triumph aus ihnen gemacht durch Sich selbst»** (Kol. 2,15). Deshalb wird Jesus in Hebräer 12,2 auch der **«Anfänger und Vollender des Glaubens»** genannt. Ja, Jesus ist der Siegesheld, der all' Seine Feind' besieget! Deshalb ist es töricht von dir, wenn du dich vom Teufel beeindrucken und dich einschüchtern läßt von Mächten der Depression und der Schwermut, von Mächten der Leidenschaft und des Unglaubens. Höre doch: Der Herr Jesus hat all diese Finsternisgewalten entmächtigt, Er hat **«sie schaugetragen öffentlich und einen Triumph aus ihnen gemacht»,** indem Er sich preisgab in der Entäußerung Seiner selbst. Das ist Golgatha!

Jeder Mensch nun, der auf die Gesinnung Jesu eingeht, der «Ja» sagt zu Jesus, wird in diesen gewaltigsten aller Siege, die je errungen wurden, miteinbezogen. Solche Menschen triumphieren, weil mitten in einer friedlosen Welt der Friede Gottes in ihrem Herzen herrscht, **«welcher höher ist denn alle Vernunft»** (Phil. 4,7). Paulus hat das in einem Schreiben an die Christen in Korinth in die wunderbaren Worte gefaßt:

«Gott aber sei Dank, der uns allezeit im Triumphzuge umherführt in Christo und den Geruch Seiner Erkenntnis an jedem Orte durch uns offenbart!» (2. Kor. 2,14.) Dieses herrliche Bibelwort mag in den Ohren derer, die noch nicht wiedergeboren sind, sehr komisch klingen. Aber es redet von solchen, die durch ihren persönlichen Glauben an Jesus Christus den Frieden Gottes in ihren Herzen tragen und die diesen köstlichen Frieden mit Gott in einer Welt voller Unfrieden an allen Orten verbreiten. Deshalb werden die Gläubigen im Worte Gottes auch so ernst gewarnt: **«Jaget nach dem Frieden gegen jedermann und der Heiligung, ohne welche wird niemand den Herrn sehen»** (Hebr. 12,14). Alle, die Frieden mit Gott haben, sollen auch danach trachten und alles daran setzen, so viel an ihnen liegt, Frieden mit ihren Nächsten zu halten. Was aber, wenn uns andere Leute dennoch böse sind, obwohl wir uns keiner Schuld ihnen gegenüber bewußt sind? Da ist es wichtig, daß wir Ihnen nichts nachtragen, sondern sie von Herzen segnen und lieben, und daß, wenn wir ihnen begegnen, nicht der leiseste Groll in unserem Herzen gegen sie vorhanden ist. Denn wenn ich tatsächlich Frieden mit Gott habe – sollte ich denn nicht auch Frieden mit all meinen Mitmenschen haben? Damit ist uns der Weg zum Triumph des Glaubens in Christo gezeigt.

Trügerischer Friede

Was ist das für ein Friede, nach dem heute Hunderttausende von Menschen schreien und ihn auf Spruchbändern fordern? Es ist ein trügerischer Friede, der da mit lautstarken Parolen verlangt wird. Und wenn man bei diesen «Friedenszügen» genau hinschaut, bemerkt man auf den mitgeführten Transparenten oft

Wenn man bei diesen „Friedenszügen" bzw. „-kundgebungen" genau hinschaut, bemerkt man auf den mitgeführten Transparenten und auf Plakatsäulen immer wieder das Nero-Kreuz☮*).

das Nero-Kreuz. Dieses aber ist ein antichristliches Zeichen*. Und auf dieser Grundlage kann auf gar keinen Fall ein echter und bleibender Friede erzielt werden. Denn – ich sage es noch einmal –: Der Krieg, auch der sogenannte kalte Krieg bzw. das irrsinnige Wettrüsten, resultiert aus dem Unfrieden mit Gott im Herzen des einzelnen Menschen.

Oder – was ist das für ein Friede, von dem Dichter und Philosophen wie Schiller, Goethe und andere sprachen? Diese Menschen haben sehr viel über die Lösung der Probleme des menschlichen Lebens nachgedacht und nach dem Frieden gesucht. Goethe zum Beispiel versuchte ein Rezept zu geben, wie man in allen Lagen ein «Wohlgefühl», eine Art von Frieden haben kann. Er schrieb:

«Der Mensch macht sich irgendeine würdige Gewohnheit zu eigen, an der er sich die Lust in heiteren Tagen erhöhen und in trüben Tagen aufrichten kann. Er gewöhnt sich zum Beispiel, täglich in der Bibel oder in Homer zu lesen, oder Medaillen oder schöne Bilder zu schauen, oder gute Musik zu hören. Aber es muß etwas Treffliches, Würdiges sein, woran er sich gewöhnt, damit ihm stets und in jeder Lage der Respekt dafür bleibe.»

---

*☮ Im frühen Mittelalter hatte dieses Zeichen verschiedene Namen, so zum Beispiel Hahnenfuß, Hexenfuß, Neros Kreuz, Koboldsfuß und – das ist wesentlich – wurde es als das Zeichen Satans verwendet. Bertrand Russel hat dieses Teufelszeichen neu belebt, neu entworfen. Russel war ein ganz bewußter Atheist. In einer seiner Schriften äußerte er sich: «Ich hoffe, daß jede Form eines religiösen Glaubens sterben wird.» Zum ersten Mal führte er das Zeichen 1958 beim sog. Oster-Friedens-Marsch in England ein. Mit diesem Marsch wurde gegen den Gebrauch von atomaren Waffen protestiert und eine einseitige Abrüstung durch Großbritannien gefordert. Tausende von Studenten marschierten mit und protestierten gegen die NATO und forderten eine Einigung mit den Kommunisten. Bertrand Russel gab an, daß er das Symbol für diese Demonstration entworfen habe. Es war «das» Friedenszeichen. Russel als Atheist glaubte, daß ein kommunistischer Weltsieg sehr wünschenswert sei. «Besser rot als tot», rief er aus. Nun, er ist nicht der Entwerfer dieses falschen Friedenszeichens, sondern hat es lediglich neu belebt. Es ist ein Zeichen des Hasses gegen Gott. Überall in der Welt sieht man es heute, und jüngere und ältere Menschen tragen es. Zweifelsohne ist dies eines der Vorzeichen des Antichristen, denn obwohl es bei vielen Demonstrationen gegen den Krieg verwendet wird, wird dieses sogenannte Friedenssymbol auffallenderweise nie bei Demonstrationen gegen den Kommunismus herumgetragen. Zusammenfassend sei über dieses falsche Friedenszeichen noch gesagt, daß es im ganzen Mittelalter und in der Neuzeit das Symbol der schwarzen Magie war und ist und als Zeichen der Gotteslästerung und der Geheimkulte dient.

Aber derselbe weltberühmte Mann, der einen sehr großen Geist hatte, fand keinen Frieden mit Gott. Das hat er auch bekannt und in ein kurzes, trostloses Gedicht verfaßt:

> «Wenn ich einmal gestorben bin,
> so sei auf meinem Grab zu lesen:
> Zeitlebens hat er Glück gehabt,
> aber glücklich ist er nie gewesen.»

Obwohl Goethe sich über das Christentum selbst recht positiv äußerte, starb er als einer der Unglücklichsten, ohne den Frieden mit Gott durch den Glauben an Jesus Christus erlangt zu haben. – Doch auch unter meinen Lesern gibt es gewiß viele gebildete Menschen, die sich, wie Goethe, jeden Tag zu einem trügerischen «Wohlgefühl» hindurchmausern. Aber den wunderbaren Frieden mit Gott kennen sie nicht. Welch eine Tragik! Denn der Friede mit Gott ist eines der größten Themen der Bibel. Paulus beginnt fast keinen Brief ohne die Anrede: **«Gnade sei mit euch und Friede von Gott, unserm Vater, und dem Herrn Jesus Christus!»** (Röm. 1,7.)

Das Geschäft mit der Angst

In unseren Tagen, wo wir vor einem nie dagewesenen, katastrophalen Weltkrieg stehen, fiebern die Politiker von einer Friedenskonferenz zur andern, und unterdessen wird es immer schlimmer. Wir leben in der Zeit, von der unser Herr Jesus Christus gesagt hat: **«... die Menschen werden verschmachten vor Furcht und vor Warten der Dinge, die kommen sollen auf Erden; denn auch der Himmel Kräfte werden sich bewegen»** (Luk. 21,26). Sehr viele Menschen sind heute psychisch angeschlagen vor lauter Angst und Furcht, weil sie keinen Frieden mit Gott haben. Mit der Furcht und Angst der friedlosen Menschen – Angst vor den Russen, Angst vor einem Atomkrieg, Angst vor Krebs usw. – werden heute Geschäfte gemacht. So wurde mir neulich ein Inserat aus einer deutschen Zeitung zugesandt, in dem es heißt:

«Es ist fünf Minuten vor Zwölf. Vorsorge für den Tag X!
Krieg, Krisen und Konflikte in der alten Welt wären der Grund, Ausschau zu halten nach einem sicheren Refugium. Wenn erst Goldbarren gegen Brot und Diamanten gegen eine Schiffspassage gehandelt werden, haben attraktive Überseestaaten ihre Schranken für europäische Auswanderer längst heruntergelassen, und in Altdeutschland gehen mit Sicherheit die Lichter aus.
Wir haben vorgesorgt und eine Insel in der Karibik gekauft! Einer begrenzten Anzahl gleichgesinnter Interessenten bieten wir die Möglichkeit, sich an unserem Unternehmen zu beteiligen. Eigenkapital DM . . . Telefon . . .»

Welch ein Betrug ist das! Als ob man auf einer Insel in der Karibik sicher wäre, geschweige denn Frieden mit Gott bekäme! Es gibt nur einen Ort, wo völlige Sicherheit herrscht, das ist bei Jesus Christus, dem gekreuzigten, auferstandenen und wiederkommenden Herrn. «Sicher in Jesu Armen, sicher an Seiner Brust . . .», so heißt es in einem Lied.

Noch einmal: Wahren Herzensfrieden, der jedes menschliche Vorstellungsvermögen übersteigt, der jeder Angst und Furcht trotzt, erhalten wir nur durch den Fürsten des Friedens: **«. . . Frieden mit Gott durch unsren Herrn Jesus Christus.»**

Zurück zu der Prophezeiung Jesu in Lukas 21,26: **«. . . denn auch der Himmel Kräfte werden sich bewegen.»** Es geht in der «Luft» tatsächlich etwas vor! Man redet heute vom sogenannten Polsprung und von einem Zusammenbruch des Universums. Ernstzunehmende Wissenschaftler befürchten einen Zusammenstoß der Erde mit Kometen. Insbesondere soll der Halleysche Komet, der unseren Planeten auf seiner Umlaufbahn etwa alle 76 Jahre tangiert, 1986 wieder in Erdnähe kommen.

Dieses Angstbekenntnis auf dem evangelischen Kirchentag (BRD, 1981) ist symptomatisch für unsere heutige Zeit.

Doch vor diesem allen fürchtet sich der Mensch eigentlich nur vordergründig. Im tiefsten Grunde hat er eine vielfach undefinierbare Angst vor Dem, der kommt, wenn sich die Himmelskräfte bewegen werden: **«Und alsdann werden sie sehen des Menschen Sohn kommen in der Wolke mit großer Kraft und Herrlichkeit»** (Luk. 21,27). Die Bibel spricht hier vom Wiederkommen Jesu Christi. Während jeder Mensch, der noch im Unfrieden mit Gott lebt, vor diesem Augenblick bewußt oder unbewußt erzittert, sehen die Gläubigen diesem Tag mit großer Freude entgegen, haben sie doch die Kräfte des Himmels schon persönlich erlebt.

Die Kraft der Auferstehung Jesu Christi – eine Realität

Obwohl diese Himmelskraft eine verborgene ist, wurde und wird sie von Millionen von Menschen durch den Glauben an Jesus Christus beständig erfahren. Denn für die Gläubigen ist sie seit bald zweitausend Jahren eine unumstößliche Wirklichkeit, nämlich seit dem Sterben und der Auferstehung Jesu Christi. Diese unbegrenzte Gotteskraft beschreibt die Bibel mit den Worten: **«... welches auch die überwältigende Größe Seiner Macht sei an uns, die wir glauben, vermöge der Wirksamkeit der Macht Seiner Stärke, welche Er wirksam gemacht hat in Christus, als Er Ihn aus den Toten auferweckte und Ihn zu Seiner Rechten setzte in den himmlischen Regionen, hoch über jedes Fürstentum und jede Gewalt, Macht und Herrschaft und jeden Namen, der genannt wird nicht allein in diesem Zeitalter, sondern auch in dem zukünftigen»** (Eph. 1,19–21). Mit der Auferstehung des Herrn Jesu brachen diese ewigen Kräfte des Himmels zu dieser Erde durch. Zu wem? Zu allen Menschen, die **«glauben»**. Was für die Welt vollständige Zerstörung bedeuten wird, ist für das Gotteskind völlige Erneuerung. Darum haben wir, **«die wir glauben»**, Frieden mit Gott durch unsern Herrn Jesus Christus. Damit hier aber kein Mißverständnis aufkommt, möchte ich wiederholen: Nicht der Glaube an und für sich rettet und vermittelt uns die Kraft Gottes, sondern sein Inhalt bzw. der Gegenstand unseres Glaubens, der Glaube an Jesus Christus. Denn Er ist in Person **«göttliche Kraft und göttliche Weisheit»** (1. Kor. 1,24). Lieber Freund, bist du in deinem Glauben so kraftlos, so einsam und so friedlos? Dann deshalb, weil dein Glaube sich bis auf den heutigen Tag nicht an die Person Jesu Christi geklammert hat!

Wenn Jesus Christus in Person göttliche Kraft und göttlicher Friede ist und Er zudem **«alle Dinge mit Seinem kräftigen Wort»** trägt (Hebr. 1,3), wie überschwenglich groß muß dann Seine Tragkraft sein! Wie wunderbar: Wenn Christus **«alle Dinge»** trägt, dann sind auch wir, du und ich, darin eingeschlossen.

Und wenn es heißt, daß Er alle Dinge **«mit Seinem kräftigen Wort»** trägt, dann wird uns damit die unermeßliche Kraft des Wortes Gottes beschrieben. Deshalb konnte Jesus, als Er auf Erden war, sagen: **«Die Worte, die Ich rede, die sind Geist und sind Leben»** (Joh. 6,63b). Wenn Er etwas sagte, dann geschah es auch! Schon der Prophet Jesaja wußte um die unbegrenzte Tragkraft des Sohnes Gottes, als er schrieb: **«... uns ist ein Kind geboren, ein Sohn ist uns gegeben, und die Herrschaft ist auf Seiner Schulter»** (Jes. 9,5a). Wollte Gott uns damit nicht sagen, Jesus sei so mächtig, daß Er, um das ganze Universum zu tragen, nur eine Schulter brauche? Und wenn wir Ihn dann im Geist als den guten Hirten sehen, der das wiedergefundene verlorene Schaf auf Seine beiden Schultern nimmt (Luk. 15,5), dann will das uns alle mächtig ermutigen. Stell dir vor: Während Jesus, um das Universum zu tragen, nur **eine** Schulter benötigt, nimmt Er das verlorene Schaf (ein Bild des durch die Sünde noch von Gott getrennten Menschen, der zum Glauben an Jesus Christus gekommen ist) auf Seine **beiden** Schultern! Ist das nicht wunderbar? Es ist der ausdrückliche Wille Gottes, dich mitsamt deinen Lasten zu tragen, sagt Er doch: **«Ja, Ich will euch tragen bis ins Alter und bis ihr grau werdet. Ich will es tun, Ich will heben und tragen und erretten»** (Jes. 46,4). Wenn ich alles selber tragen müßte, was so an einem Tag auf mich zukommt, dann müßte ich bald aufgeben. Aber Jesus Christus trägt mich samt meinen Lasten. Er ist eine Realität, und es gilt: **«Wer an Ihn glaubt, wird nicht zu Schanden werden.»**

In Jesus Christus ist Kraft, um den Frieden mit Gott zu erlangen, nämlich die überschwengliche Kraft des ewigen Lebens. Die Bibel drückt das folgendermaßen aus: **«Denn es ist doch allbekannt, daß unser Herr aus Juda hervorgegangen ist ... nach der Kraft**

des unendlichen Lebens» (Hebr. 7,14a.16b). Es ist wahr: Durch Jesus Christus hat Gott die Kraft des ewigen Lebens in den Gläubigen offenbart, und zwar **«durch die Erscheinung unsres Retters Jesus Christus, der dem Tode die Macht genommen, aber Leben und Unvergänglichkeit ans Licht gebracht hat durch das Evangelium»** (2. Tim. 1,10). Deshalb: Ergreife das ewige Leben! Ergreife heute den Frieden Gottes!

Der einzige Weg zum wahren Frieden

Wie hat denn Jesus Christus den Frieden mit Gott erwirkt? Durch die Kraft Seines kostbaren Blutes. Ganz konkret: Er hat Sein ewiges Leben in Seinem Blut an Golgathas Kreuz ausgeschüttet, damit wir des Friedens mit Gott und damit des ewigen Lebens teilhaftig werden können. Es gibt keinen anderen Weg, als die

Irrwege, die nur scheinbaren Frieden vermitteln: Yoga (links), Gruppendynamik (rechts) und ...

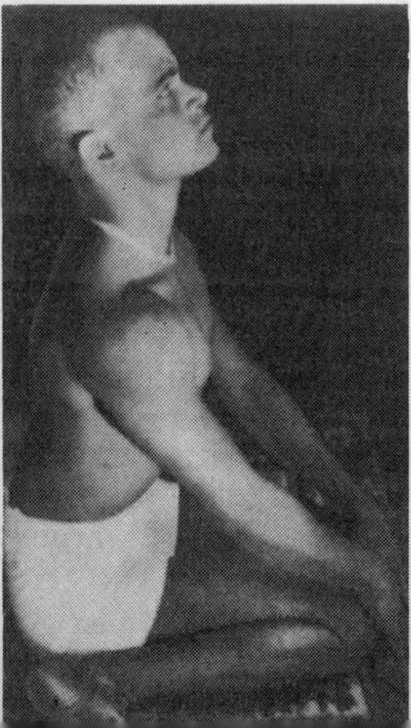

... Autogenes Training

von Jesus erwirkte Erlösung anzunehmen. Aber wie sagt die Schrift: **«... den Weg des Friedens wissen sie nicht»** (Röm. 3,17). Diesen einzigen Weg zeige ich nun hier auf. Jesus sagt: **«Ich bin der Weg und die Wahrheit und das Leben; niemand kommt zum Vater, denn durch Mich»** (Joh. 14,6).

Viele Menschen haben nach anderen Wegen gesucht; sie praktizieren zum Beispiel Autogenes Training, Yoga, Gruppendynamik, Selbsthypnose usw., um innerlich zur Ruhe zu kommen. Zahlreiche andere suchen sich eine Friedenswelt in den Drogen – mit grausamem Erwachen. Wieder andere stürzen sich in ihrer Unruhe in fast ununterbrochenes Arbeiten. Sie mögen so zwar von einer Sprosse der Gesellschaftsleiter zur nächst höheren aufgestiegen sein, einige gar bis zuoberst. Aber sie kommen trotz Ehre, Ruhm und äußeren «Sicherheiten» – wie Geld und Gut – nicht zu innerer Herzensruhe. Vielmehr jagen sie in ihrem Streben nach Erfolg und Reichtum ruhelos an dem wahren Friedensbringer vorbei. Der ewige Gott warnt deshalb mit großem Ernst: «... **was wird es einem Menschen nützen, wenn er die ganze Welt gewönne, aber seine Seele einbüßte?»** (Matth. 16,26.)

So viele müssen heute bekennen: Wir sind im Innersten unseres Wesens noch unstet und flüchtig. Darum wird die allgemeine Sehnsucht nach etwas, worin man zur Ruhe kommen kann, in unserer aufgeregten Zeit immer größer. Statt jedoch den einzigen Weg zu dieser Ruhe einzuschlagen und die Erlösung in Jesus Christus anzunehmen, geht man weiter auf Wegen, die höchstens eine momentane und scheinbare Ruhe, einen Scheinfrieden bieten. Der Philosoph R. W. Triene zum Beispiel hat dazu folgende Grundgedanken geäußert:

«Der einfachste und nächstliegende Weg, um eine unangreifbare Position zu finden, ist der: Es müßte mir eine unendliche Kraftquelle zur Verfügung stehen, die jeden Augenblick unmittelbar in mich hineinfließt. Ich müßte wie ein leuchtender Scheinwerfer ununterbrochen an die absolute Kraftzentrale angeschlossen sein, dann wäre ich sicher. Ich würde jeden Angriff, jeden Versuch, meine innere Harmonie zu stören, abschlagen können...

Die unendliche Kraftquelle ist unmittelbar da. Unser wahres Selbst ist eins mit dem Leben Gottes, das heißt des unendlichen Lebens und der unendlichen Macht, die hinter allem steht. Wir brauchen also nur die Schleuse zu öffnen, dann strömen die Wasser. In der Erkenntnis dieser Wahrheit leben, das bringt Frieden, vollen, reichen, bleibenden Frieden, der die ganze Gegenwart erfüllt und der uns die Versicherung gibt, daß wir stark werden, solange wir leben.»

Die Ideale dieses Mannes sind zwar wunderbar, seine Formulierungen eindrucksvoll, aber den einzigen Weg zum Frieden mit Gott, von Dem geschrieben steht, daß Er ein «verzehrend Feuer» ist (Hebr. 12,29), zeigt er nicht auf.

Viele versuchen einen anderen Weg zu gehen, um zu innerer Harmonie zu gelangen, nachdem sie zur Einsicht gekommen sind, der unmittelbare und ununterbrochene Anschluß an die unendliche Kraftquelle, an den lebendigen Gott, sei charaktermäßig unerreichbar. Es ist der Weg der entschlossenen Resignation gegenüber dem, was unerreichbar scheint. Und für willensschwache Menschen ist eben alles unerreichbar; sie bleiben immer, auch als Gläubige, auf einem tiefen Niveau. Der Stoiker Epiktet war ein Verkündiger dieses Irrweges. Zur Gewinnung der «Seelenruhe» gab er ein einfaches Rezept:

«Machen wir uns klar: Einige Dinge stehen in unserer Macht, andere hingegen nicht. In unserer Macht steht nur unser Urteil und unser Wollen als solches. Nichts kann uns hindern, tief drin in unseren Herzen zu denken und zu wollen, was uns beliebt. Nicht in unserer Macht steht unser Leib, unsere Gesundheit, Besitz, Ehre, Karriere. Machen wir also einen festen und klaren Strich zwischen diesen beiden Gebieten, und betrachten wir nur was in unserer Macht steht als unser Eigentum – alles andere als fremd. Dann kann nichts unsere Seelenruhe stören. Stirbt dir dein einziges Kind, sagt dir der Arzt, du seist unheilbar krebskrank, wird dir die Ernte verhagelt, an die du deine Lebensarbeit gesetzt, wird dir die Lebensstellung genommen, die allein dein Leben lebenswert machte, verlierst du (durch einen Bankkrach, was jetzt z. B. in der Bundesrepublik Deutschland in den Bereich des Möglichen gerückt ist, Verf.) dein ganzes Vermögen, so sage einfach: ‹Es berührt mich nicht. Es wird mir nichts genommen. Ich habe nur etwas zurückgegeben.›»

Das alles ist etwa mit dem Ausspruch des berühmten Sokrates zu vergleichen, der sagte:

«Töten können mich wohl Annit und Mylithos, aber mir schaden, das können sie nicht. Aller Unfriede, alle Störung unseres seelischen Gleichgewichts kommt immer nur daher: Wir haben etwas, was nicht in unserer Macht ist. Behandelt es, als ob es in unserer Macht wäre.»

Sokrates war nicht weit vom Evangelium entfernt. Aber mit seiner Sünde, der wirklichen Ursache seines Unfriedens mit Gott, ist er nicht fertiggeworden.

Wenn's ans Sterben geht . . .

Heinrich Heine dagegen, der durch seinen geistreichen Spott bekannte Dichter, fand am Ende seines Lebens Frieden mit Gott durch den Herrn Jesus Christus. Er schrieb im Nachwort seiner Gedichtsammlung «Romanzero»:

«Wenn man auf dem Sterbebett liegt, wird man sehr empfindsam und möchte Frieden machen mit Gott und der Welt. Seit ich selber der Barmherzigkeit Gottes bedürftig bin, habe ich allen meinen Feinden Amnestie erteilt. Gedichte, die nur halbwegs Anzüglichkeiten gegen Gott enthielten, habe ich mit ängstlichem Eifer den Flammen überliefert. Es ist besser, daß die Verse brennen als der Versemacher!

Ja, ich habe mit dem Schöpfer Frieden gemacht, zum größten Ärger meiner ‹aufgeklärten› Freunde, die mir Vorwürfe machten über dieses Rückfallen in den ‹alten Aberglauben›, wie sie meine Heimkehr zu Gott zu nennen belieben. Ich bin zurückgekehrt zu Gott wie der verlorene Sohn, nachdem ich lange bei den Hegelianern die Schweine gehütet habe. Das himmlische Heimweh überfiel mich. In der Theologie muß ich mich des Rückschreitens beschuldigen, indem ich zu einem persönlichen Gott zurückkehrte.»

Dann dichtete er sein ergreifendes Bekenntnis:

«Zerschlagen ist die alte Leier
am Felsen, welcher Christus heißt,
die Leier, die zu böser Feier
bewegt ward von dem bösen Feind.
Die Leier, die zum Aufruhr klang,
die Zweifel, Spott und Abfall sang.
O Herr, o Herr, ich knie nieder,
vergib, vergib mir meine Lieder.

Der Kirche ist in ihrem Glauben
manch Spottlied frevelhaft erschallt.
Es sollte Zucht und Ordnung rauben
mit weicher Töne Truggewalt.
Die freie Rotte triumphiert,
ich hab ihr manches zugeführt.
O Herr, ich schlag die Augen nieder,
vergib, vergib mir meine Lieder.

Heinrich Heine (1797–1856):
„ Ja, ich habe mit dem Schöpfer Frieden gemacht, zum größten Ärger meiner 'aufgeklärten Freunde' ..."

Und als des Märzes Stürme kamen
bis zum November trüb und wild,
da hab ich wilden Aufruhr-Samen
in süße Lieder eingehüllt.
So manches Herz hab ich betört,
des ewgen Lebens Glück zerstört.
Gebeugten Hauptes sink ich nieder,
o Herr, vergib mir meine Lieder.»

Nicht jeder aber hat auf dem Sterbebett noch die Gnade, den Herrn zu finden, weshalb das Wort Gottes so eindringlich mahnt: **«Suchet den Herrn, solange Er zu finden ist; rufet Ihn an, solange Er nahe ist»** (Jes. 55,6). Es gibt ein «Zu spät!»

Dies ist der Weg, den gehet!

Gott selbst verurteilt die menschlichen, philosophischen und religiösen Wege auf der Suche nach Frieden. So sagt Er durch den Propheten Jesaja, wie Er alle Menschen sieht, und zeigt uns den Weg zum wahren Frieden: **«Wir gingen alle in der Irre wie Schafe, ein jeglicher sah auf seinen Weg; aber der Herr warf unser aller Sünde auf Ihn»** (Jes. 53,6). Jesus, der Sündenträger, ist der Weg zu Gott, Er allein. Wenn du dich mit deinem flatterhaften, unruhigen, sündigen Wesen diesem Jesus tatsächlich preisgibst, dann wird **«der Friede Gottes, welcher höher ist denn alle Vernunft»**, dein Herz und deinen Sinn in Jesus Christus bewahren (Phil. 4,7)! Es gibt keinen anderen Weg als nur diesen. Gehe auch du diesen einzigen Weg zum wahrhaftigen Herzensfrieden!

Lieber Leser, sei jetzt einmal ganz ehrlich: Was oder wer regiert eigentlich wirklich in dir? Ist es nicht Unfriede, Ehrsucht, Neid, Haß und Zorn? Wirst du nicht beherrscht von dunklen Trieben, den täglichen Sorgen oder dem Unvermögen, deine Ideale zu verwirklichen? Oh, du armer Mensch! Dem Teufel macht es nichts aus, wenn du nach außen hin christlich bist. Er will nur nicht, daß in deinem Leben die Erfüllung des Bibelwortes von Kolosser 3,15 wahr wird: **«. . . der Friede Gottes regiere in euren Herzen, zu welchem ihr auch berufen seid in einem Leibe.»** Denn wenn der Friede Gottes dein Leben regiert, dann wirst du frei von Resignation, von Kompliziertheit und von Verknotungen deines Seelenlebens. Dann wird die Dynamik Gottes in dir wirksam, denn der Friede Gottes, eine gewaltige Macht, regiert nun und treibt dich vorwärts, das göttliche Ziel in deinem Leben zu verwirklichen.

Verschiebe deine Entscheidung für Jesus Christus nicht auf morgen – denn dann könnte es für dich bereits zu spät sein! Benütze das Heute, das Jetzt! Wenn du wirklich diesen Frieden Gottes in deinem Herzen haben willst, wenn du den auch für die Ewigkeit unbedingt nötigen Machtwechsel vollziehen willst, dann komm jetzt zu Ihm, so wie du bist, und sage Ihm: «Herr Jesus, komm Du in mein Herz. Übernimm Du ganz das Steuer meines Lebens; ich übergebe es Dir. Du sollst ab jetzt auch mein Friedefürst sein!»

Literaturhinweis

Hassler von, Gerd, *Wenn die Erde kippt,* Bern und München 1981
Landes, Jakob, *Erfüllte Prophetie in der Geschichte,* Metzingen 1982
Philberth, Bernhard, *Christliche Prophetie und Nuklearenergie,* Zürich 1961
Pohl, Adolf, *Die Offenbarung des Johannes (2. Teil),* 2. Auflage, Berlin 1978
Sauer, Erich, *Offenbarung Gottes und Antwort des Glaubens,* Wuppertal 1969

Verwendete Bibelübersetzungen

Zumeist wurden die Bibelstellen nach der **Schlachterübersetzung** wiedergegeben; zum Teil haben wir aber auch auf die Luther-, Elberfelder- oder Albrechtübersetzung zurückgegriffen.

Wim Malgo,

der Autor dieses Buches, ist Gründer und Leiter des «Mitternachtsruf» und Präsident des «Beth-Shalom-Vereins für Bibelstudium in Israel». Seine Radiopredigten werden seit Jahrzehnten über verschiedene Sender wie z. B. Radio Luxembourg ausgestrahlt. Seine bekannten Monatsblätter «Mitternachtsruf» und «Nachrichten aus Israel» erscheinen in acht Sprachen und in insgesamt über 150 000 Exemplaren.

Dieses neueste Buch von **Wim Malgo** ist hochaktuell. Der Autor behandelt darin manches «heiße Eisen», wie
– Israels Krieg im Libanon im Lichte des prophetischen Wortes – Das Geheimnis und das Wunder der Wiedergeburt – Was hat Jesus am Kreuz getan? – Das Geheimnis der Entrückung

144 Seiten, Best.-Nr. 17538
8,50 DM/7,40 sFr.

Dieses Buch von **Wim Malgo** will dem gestreßten Menschen von heute helfen, die richtige Befreiung zu finden aus Angst, Problemen, Depressionen und Verzweiflung.

88 Seiten, Best.-Nr. 17013
4,90 DM/4,40 sFr.

3 Vorschläge aus unserem reichhaltigen Kassettenprogramm:

(wir führen auch Liederkassetten)

Best.-Nr. 12376
9,90 DM/8,70 sFr.

Best.-Nr. 12493
9,90 DM/8,70 sFr.

Best.-Nr. 12533
9,90 DM/8,70 sFr.

Vorschläge aus unserem reichhaltigen Kassettenprogramm:

jede Kassette 9,90 DM/8,70 sFr.

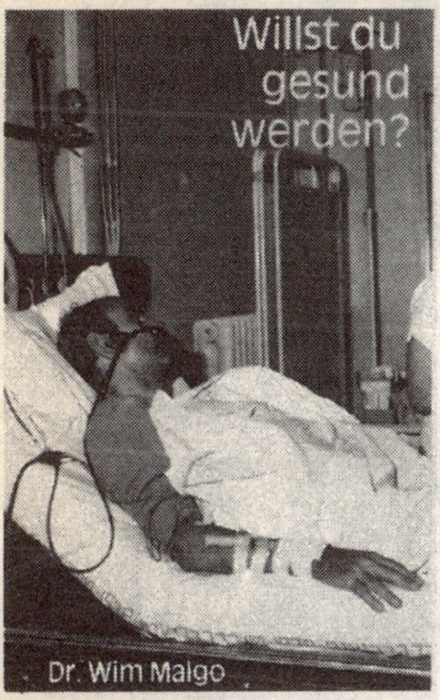

Best.-Nr. 12531
9,90 DM/8,70 sFr.

Best.-Nr. 12534
9,90 DM/8,70 sFr.

Best.-Nr. 12618
9,90 DM/8,70 sFr.

Best.-Nr. 12532
9,90 DM/8,70 sFr.

Buch

160 Seiten

Bestell-Nr. 17539
Preis SFr. 8.70 / DM 9.90

Inhalt:

Eines Menschen Zahl / Das Malzeichen des Tieres / Die totale Kontrolle / Warum die Zahl 666 immer häufiger sichtbar wird / Der Mensch und das Tier / Die Geheimbünde / Die Entrückung im Blick auf das hereinbrechende antichristliche Reich / Die unheimliche scheingeistliche Zahl 666 / Die sprachliche Deutung der Zahl 666 / 666 und Rockmusik / 666 blieben zurück / Aufbruch der Gemeinde Jesu im Schatten des Antichristen / Die steigende Not unmittelbar vor der Entrückung

Kennen Sie unsere Monats-zeitschriften?

»Mitternachtsruf-Weltweit«

(Überseemission)
Dieses Blatt enthält neueste Berichte unserer Missionare in Lateinamerika sowie unserer weltweiten Missionsarbeit.

Mitternachtsruf

Dieses Blatt wurde schon vielen zum entscheidenden Segen! Sie finden darin jeden Monat zeitnahe biblische Botschaften von Wim Malgo, ebenso Kommentare zu aktuellen Ereignissen und eine Korrespondenzrubrik.

Abonnementpreis
pro Jahr je 10,– DM/10,– sFr.

Nachrichten aus Israel

Ziel dieses Blattes ist es, Liebe und Verständnis für das Volk Israel zu wecken und zu vertiefen, denn Israel hat kraft der Verheißungen Gottes eine herrliche Berufung und Zukunft. Der Schriftleiter Wim Malgo, ein großer Israelkenner, versteht es auch, aktuelle Ereignisse in und um Israel von der Bibel her zu beleuchten.